京大式ロジカルシンキング

頭スッキリ！ 行動派のための論理思考法

逢沢 明

SUN MARK
サンマーク文庫

まえがき

あなたは、自分の考えを、うまく相手に伝えることができますか？　交渉が苦手で、いつもソンをしているような気がしませんか？　新しい発想を生み出せる頭脳が欲しいと思いませんか？

日常には、ややこしい問題や困った状況が山積みです。そんなときに効くのが、「ロジカルシンキング」なのです。

論理的に考えることができれば、こんがらかって見えた問題も理路整然と考えられるようになり、問題解決の糸口を見つけられ、アイデアも浮かびやすくなります。交渉、企画、人間関係……どんな問題も、論理的に考えることで、うまくいくのです。

本書の特徴の１つは、ほかの多くのロジカルシンキングの入門書がもとにしているのは「古典論理学」であるのに対し、この本は、「現代論理学」に基づく戦略論理であるという点です。

簡単に説明すると、「古典論理学」とは、文学部で扱っている論理で、非常に古いもの。紀元前４世紀にアリストテレスが完成した体系そのままです。

一方、「現代論理学」は、要するに「コンピュータ論理」です。産業革命の完成期のイギリスに芽生え、現代のコンピュータ科学の発達とともに磨き上げられた、壮大かつ最も強力な体系です。

本書では、この「コンピュータ論理」を、京都学派の伝統と緊密に結びつけました。そして、フィールドワーク型で「実践」重視である川喜田二郎氏の「KJ法」や、梅棹忠夫氏の「京大式カード」にヒントを得て、創造的でよりわかりやすい形に、現代論理学を再編成しました。京大式の「創造力」や「戦略力」を徹底的にスキルアップしていただけると思います。

なお、楽しんで読んでいただくために、「論理パズル」と「ジョーク」も随所にちりばめました。

頭がスッキリすることは、なんとも爽快なものです。ぜひ、楽しみながら、この実践的な「京大式ロジカルシンキング」を身につけていただければと思います。

著者

京大式ロジカルシンキング

目　次

3章【中級コース】

最強の京大式アイデア発想術
――《ハイパーマップ法》で難問解決！

5章【上級コース】

論理の落とし穴をふさげ

――パラドックスの困難克服が達人への道

6章【上級コース】
戦略的攻撃術でピンチをチャンスに変えよ
──《戦略的超思考法》で一発逆転！

装丁　中村善郎（Yen Inc.）
カバー写真 ©WIDEOPEN/A.collection/amanaimages
DTP　マッドハウス

京大式ロジカルシンキング

序章

わかる！ 使える！論理的な思考法とは？

論理の魔法は無限大

●「マイナス思考」と「プラス思考」のクイズ

論理は、「真」と「偽」という、2つの正反対の概念からなっています。

それは「人生の分かれ道」のようなものです。右へ行けば「地獄」、左へ行けば「天国」――さあ、あなたはどちらを選びますか？

「マイナス思考」と「プラス思考」というのも、結局はこれと同じことです。「偽、偽、偽……すべて偽」と進む人、「真、真、真……すべて真」と進む人、その差は非常に大きなものになります。

そのようなマイナス思考とプラス思考について、有名なクイズがあります。次の問題を考えてみてください。

【ハダシの国で靴を売る】

セールスマン2人が、太平洋の発展途上国に、靴の市場調査に出かけました。1人は着いてすぐに、本社に電子メールを送りました。

「靴が売れる見込みまったくなし。みんなハダシです」

さあ、あなたがもう１人のセールスマンだったとしたら、どんなメールを送りますか？

「イエス」か「ノー」か、そんな分かれ道が「論理」というもの。返事をしたとたんに、一瞬にしてその先がすべて決まり、もう戻れなくなることもまれではありません。

とにもかくにも、この簡単なクイズの答えをお教えしましょう。あなたが送るべきメールは、次のようなものです。

【ハダシの国からの正解メール】
「すぐ靴を大量に送ってください。ここはみんなハダシ、だれも手をつけていない大市場です！」

このたった１通のメールが、本書で述べる論理思考法を特徴づけているのかもしれません。

地獄から天国へ逆転します。積極的なプラス思考ができるようになります。あなたの人生を、あなた自身が変えることができます。世の中の極意も、ビジネスの極意も、その大部分は**「結局は論理にある」**というのがこの本なのです。

●論理は、楽しくおもしろい

それにしても世間には、「論理に弱い」と嘆いている人が多いものです。

あなたは、ふだんから人にいい負かされて、悔しい思いをしていませんか？　ひと言いい足りなかったために、大切な友人や恋人をなくしませんでしたか？

自分の考えをうまく相手に伝えることができずに困っていませんか？　交渉が苦手で、何かいつもソンをしているような気がしませんか？　さっきのクイズのような発想ができたらなぁ、とあこがれていませんか？　本書は、そんな人たちのために、**「論理を楽しく学んでほしい！」**という意図で執筆しました。もちろん、「論理は得意だ、さらに学ぶんだ」という方のお役に立つことはいうまでもありません。

この本には、ある種の「論理の魔法」を詰め込みました。あなたの「論理力」をスクスク育てる構成になっています。

こう考えればよかったという「発想力」や、こういえばわかってもらえたという「説得力」が身についてくる本です。絶体絶命の修羅場を乗り切る「切り返しパワー」だって生まれるでしょう。

クイズやたとえ話を使って、わかりやすさ満点でサクサク読めるように工夫しました。このような工夫が非常に大事だと思うからです。

というのは、このごろ出ている論理思考の本を見ていて、「こんな退屈な本じゃ」とか、「こんなの国語の問題集じゃないか」と思って、ウンザリしてしまったからです。

論理というのは、もっと楽しく、もっとおもしろいものです。かつ、スリリングなものだといえます。「絶体絶命で逆転した」などという経験がない方が書いた本では、本当の論理思考のダイゴ味が伝わらないのでは、と思います。

つまり、退屈な「論理《学》」の本ではなく、「論理の《使い方》」に関する実践的な本なのです。決して額にシワを寄せて、「三段論法」をいじくり回す本ではありません。

●教わる機会がなかったから、苦手なだけ

論理思考の能力は、ある程度「技術」と「訓練」でカバーできます。ほかの人から「あなたは論理的じゃない」と批判される人でも、能力が足りないのではありません。頭が悪いのではありません。必要な教育を受けてこなかった、そういう機会に恵まれなかっただ

けなんです。

論理思考の技術を知り、その訓練を少し積むだけで、「評価が見ちがえるほど上がる」という変化が、たくさんの人に起こることでしょう。論理思考の“急所”さえマスターすれば、だれでももっとスマートで力強い思考ができるようになります。

それが証拠に、「欧米人と比べて、日本人は論理的でない」とよくいわれるでしょう。日本の学校では、本格的な論理の訓練が行われていません。それがいけなかったのです。

そのほかにも、文化の違い、使っている言語の違い、ムラ社会型の単一民族など、さまざまな原因があるでしょうが、私は**「教わっていないこと」がいちばんの原因である**と考えています。

欧米では、小学生のころから「スピーチ」や「作文」の授業がきちんとカリキュラムに組み込まれており、みっちりトレーニングされます。また、アメリカでは、大学院に入学する際のGRE（日本のセンター試験に似ている）で、論理クイズのような問題がたくさん出ます。論理的思考、頭の回転が問われるわけです。

これに対して日本はどうでしょう。スピーチの授業というのはありませんし、作文にしても国語の授業のついでといった感じです。欧米人に比べて日本人が論理的でなく、ディベート（討論）下手なのも、しかたがないかという気がします。

私はときどき**「論理は日常の技術である」**という意味のことを口にします。論理は要するに、日常性が大事であって、その基本技術さえ身につけてしまえば、だれでも論理的に話したり、考えたりすることができるようになるという意味です。決して国語の問題集のようなものではありません。

また、より強めて「論理は戦略的である」という一歩踏み込んだ表現もします。きわめて組織的で、かつ非常に強力なものです。生きていくための武器になります。本書の３章では「アイデアの生み出し方」、４章では「議論での勝ち方」、６章では「戦略的逆転術」というきわめて実践的な能力をマスターしていただきます。

日本人が論理的でないといわれがちなのは、論理の技術を身につけていないだけ。だからこの本は、「論理の《使い方》」を解説することを目的にしたのです。

●論理を実践の場で使いこなせ

論理の使い方を身につけるためのトレーニング、論理的に考えるトレーニングは、それほどたいへんなことではありません。ほんの少し練習すれば、次のような効果が目に見えてあらわれるでしょう。

①ややこしい問題を整理して考えられるようになる
②頭がすぐにこんがらかってしまうことがなくなる
③状況を正しく判断する能力が強化され、人から簡単にだまされなくなる
④自分のまわりの問題を解決し、新しい発想を生み出せるようになる

ただし、論理を学ぶとき、まず注意しなければならないのは、どんな素材を選び、何をどう学ぶかです。世の中には入門書から専門書まで、論理と名のつく本が山ほど出ていますが、内容を見ると「？？？」と疑問符がたくさんつくような本が少なくありません。

例えば、かつて定番になっていたある本には、論理思考を実践するための具体的な例題がごく少なく、載っている問題も次のような程度のものでした。

[課題] 宝クジで100万円あたったら、あなたは何をするか？
[著者Aの結論] 私は美容整形をする！
[著者Bの結論] 最高級脳ドックに入る！

決してけなしているわけではなく、この本は、ロジカルシンキングを普及させる初歩の本としては、優れています。ただ、「論理思考を実践する」という立場では、目の前が少々暗くなります。この著者たちは、教室で論理思考を教える人たちではあるが、具体的な問題を解決できる人ではないかもしれません。

また、まるで国語の問題集のようなスタイルの本も少なくありません。「この課題文の中心テーマは何？」みたいな問題が延々と続きます。

確かに、論理と言葉を正しく使うことは切っても切り離せない関係にあります。だからといって、国語の授業と同じことを論理の本でやっても、本当の論理思考力に届くには、道がはるかに遠いことでしょう。第一、おもしろくて楽しいはずの論理が、退屈でつまらないものになってしまいかねませんからね。

●新時代のロジカルシンキングを

ただ、世の中はまだ旧時代の人たちが牛耳っているように見えます。いわゆるアナログ人間か、アナログさえも知らない人たちです。

例えば、ある物理学者さんがいいました。

「デジタルはだめだ。アナログのほうがいい。デジタルでは、『青い海』と『青い青い海』の区別さえできないじゃないか」

あなたはこの見解が正しいと思いますか？　論理をきちんとマスターした人なら、「誤りだ」とはっきりいえます。「青い」も「青い青い」もすでにデジタル表現なんですから。

言語とは、「青い」とか「赤い」とかブツブツに分かれた概念の集合体です。つまりすでにデジタルなのです。ワープロを決してアナログ技術では実現できないように、言語とはデジタルの世界（つまり論理）に属しているのです。

補足しておきますと、アナログとは小数点以下もある実数形式です。一方、デジタルとは整数しか用いない形式。イエスとノーの論理を１と０で表したり、言語などの文字を表現したりできます。

ただ、この物理学者さんの論法に「なんとなく納得してしまう」人がまだまだ多いことでしょう。「言語もデジタルだ」と気づかないのです。真と偽の論理学も、コンピュータのデジタル技術と非常に近い親戚ですが、いまだにその本質を知って議論できる人が少ないのが、論理に弱い日本の現状です。

また、上級レベルの論理をマスターすれば、常識を完全に打ち破るような推理をすることだって可能になれます。この本を読破したとき、あなたは変革のヒーローにだってなれることでしょう。

●コンピュータと同じくらい強力でおもしろい

弱ったことに、日本の経済学者さんたちは、数学なんて苦手な人が大多数、数学ができてもアナログ数学だという人が、残りのほとんどでしょう。一方、世界の経済を主導する勢力は、いまやコンピュータを徹底的に駆使する人たちになってきています。つまり、デジタル屋さん、論理屋さんたちです。

しかし、アナログ人間さんたちが、経済界や政界の上層部にまだウヨウヨいます。なぜ日本が「失われた10年」といわれたか（あるいはまだまだ「失われた20年」や「失われた30年」になるのか？）の大きな理由の1つは、みんな「ロジカルシンキング」ができないから（！）ということなのかもしれません。

もう一度いいますが、現代論理学は「デジタル技術の親戚」です。それは「コンピュータ思考法」そのものなんです。コンピュータに強くなろうと思ったら、論理思考を欠かせません。

また、そのことを別の表現でいうなら、現代論理学は「コンピュータと同じくらい強力」だということです。コンピュータゲームで遊ぶのと同じくらいに「おもしろい」ことが、意外にもコンピュータと同じくらいに「役に立つ」ということです。

それが本当であることは、この本をお読みいただくにつれて、徐々におわかりいただけると思います。

本書は国語の問題集や三段論法の本ではありません。論理を実践する本です。本書以外の多くの本で扱っている論理は、何かというと「三段論法」の説明です。机上の空論に近い本が多かったのです。

そもそも、三段論法は、古代ギリシャ時代にアリストテレスがまとめたものです。コンピュータ時代に古代ギリシャの論理学が通用すると思って、何でもかんでも三段論法くらいでお茶を濁すのは、いくらなんでも無茶すぎると思いませんか。

なんと古風な論理学——といったら、けなしていると思われかねませんが、現代論理学は古典論理学とははっきり別物だとお考えください。

現代の論理学は、古代ギリシャとは比べものにならないくらい強力に進歩し、いまも進歩し続けています。現代論理学の進歩があったからこそ、コンピュータという強力な武器が生まれました。コンピュータは、純粋に論理だけでものを考えたり計算したりする機械です。現代論理学の進歩なしに、コンピュータが生まれることはなかったのです。本書で扱うのはその現代論理学です。

●小学生でもできる算数クイズのようなもの

現代の論理学は強力なだけではありません。単純明快です。複雑な論理の問題が、「0」と「1」だけの小学生でもできる算数クイズに変身してしまいます。簡単なんです。安心してください。

現代の論理学は、かつての論理学よりはるかに単純になりました。単純だけれども、過去の論理学と同等以上の能力を持つので、かつてない新しい進歩をもたらすことができたのです。そして、過去の論理学を乗り越えて、さらにはるかな高みにまで到達することができました。

コンピュータがものを考えたり、複雑な計算を行えるのも、人間の言葉を「0」と「1」の単純な形にして扱うことができるようになったからです。現代論理学は「単純」であることを、ぜひこの本で知ってください。

論理といえば、尻込みする人がいまだにたくさんいます。アリストテレスの論理学がとても複雑だったからでしょう。しかし、コンピュータ型の論理学はそうではありません。小学生でもわかる話なんだ、ともう一度申しておきましょう。

●京大式は行動派で発見型です

さて、本書で「京大式」と銘打ちましたのは、次の3点にその特徴があります。

①「行動派」スタイルの論理学
②論理的「妥当」より、実世界の「真実」を優先
③独創的アイデアを「発明・発見」する技術

京大は伝統的に「フィールドワーク（野外研究）」を重視してきました。今西錦司さん、梅棹忠夫さんはその代表格といっていいでしょう。お２人とも文化勲章を受章しました。「探検」や「実地調査」に精魂を傾けてきた人たちです。

「机上の空論」という言葉がありますね。論理をもてあそんで、ある結論に達する。論理的には破綻《はたん》がなく、本人は大満足。しかし、その結論が何の役にも立たなかった、では意味がありません。論理を扱うときに注意しなければならないのは、論理を論理のままで終わらせてはいけない、ということです。

例えば、相手を説得するのに論理を役立てようと思ったとします。そこには、説得するべき相手がいます。いくら理路整然と説明したところで、相手が納得してくれなければ何の意味もありません。相手が納得する方法を見つけてはじめて、論理が役に立つということです。

論理的に「妥当」であるよりも、現実において「真実」であるという結論を導き出すこと、あるいはそうした発想をしていくこと、これがいわば京大式ロジカルシンキングです。

番外コースI章で詳しく述べていますが、論理学の真偽と、実世界の真偽は、異なるところがあります。英語でいうなら、

論理学：真＝valid（妥当）　偽＝invalid（非妥当）

実世界：真＝true　偽＝false

この違いをしっかり認識しないといけないということです。

また、京大式ロジカルシンキングは「発明・発見のための技術」といえるでしょう。相手を説得するためには、その問題の周辺を論理という船によって探検し、説得方法を発見します。価値のある結論を求めるときは、イメージの翼を広げ、論理の広野の上を飛び回ります。

京大といえば、湯川秀樹や福井謙一の両先生など、たくさんのノーベル賞受賞者が生まれたことで有名です。京大に脈々と流れる独創の気風、つまり、「隠された真実」の発明・発見を重要視する気風が、多くの

ノーベル賞受賞者を生んだのではないかと思っています。

論理を学んでも、論理を論理のままで眠らせておいたのでは、宝の持ちぐされです。論理を学ぶからには、それを活かす道を考える本だ、とお考えください。

あなたはこの本を読んで、太平洋の島へ靴を売りに行きますか？　いや、明日のレポートをまとめるだけ？　それとも、あこがれの彼女を口説きに出かけたい？　いずれにしても、実践の場で、ぜひ巧妙な論理の知恵を活かしてみてください。さあ、それではスタートです。

京大式ロジカルシンキング【初級コース】

1章

情報をヨコとタテに整理せよ

MECEとSo What？を練習する

情報の整理法で、頭スッキリ

●情報の整理が上手な人、下手な人

情報の整理が上手な人と、下手な人がいます。これは多くの人たちが日ごろから悩んでいる問題でしょう。

「そんな説明じゃ、ダメじゃないか」

「キミ、さっぱりわからんよ」

「資料の書き方も知らないのかい」

上司から叱《しか》られっぱなしの哀れな社員がいます。そんな部下しかいないのでは、と上司も悩みが深いです。

「いや……、ああでもなくて、こうでもなくて……」

また叱られます。中にはうろたえて、オーバーアクションで壁に頭をぶっつけ、

「イテェェ！　アアア、申し訳ありません」

これで爆笑を買って、笑って許される人は、しごく得な性格です。しかし、そういう憎めないタイプの人はごく少ないことでしょう。

「笑いでごまかす」のは、かなりの高等テクニックです。かつてレーガン大統領が大の得意で、汚れないという意味で「テフロン大統領」(テフロン加工のナベは焦げつきません）と呼ばれました。

これはある意味で、とてもよい手です。そんな手もあるということは認めますので、この本の立場はちょっと深いのです。そして、それ以外にもどんな手があるかを含めて考えるという意味での論理思考の本です。

また、次のような日常的状況もよくあります。情報を整理しすぎたという状況で、

「ア、アノー……、ボクとつき合ってください」

それっきり何もいえないのでは、絶望的に先行きが暗いですね。「表現力がない」という問題です。

このような「日常的な状況」におけるお話から、「ビジネスの場」で論理を駆使する方法、さらにもっと高度な「論理の奥の手」などなどを、頭スッキリで、かつ楽しくご説明しようというつもりです。まずは初歩の初歩からですよ。

●京大生のノートのとり方

さて、優秀な人たちが多いはずの京大といえども、学生たちのノートのとり方を見ていますと、情報の整理が上手な学生と、かなり下手な学生がいることに気がつきます。

情報の整理が上手な学生は、当然、ノートも非常に上手にとります。私が話したことの中から、ポイント

をうまく拾い出し、簡潔にまとめたノートを作ります。重要な部分を線で囲む、関連事項を線でつなぐ、といった視覚的な工夫も見られます。

一方で、ノートのとり方が下手な学生たちは、脈絡なく黒板を書き写しているだけです。整理しようとか、見やすいように工夫しようとか、そんなことはサラサラ考えていないようです。私が黒板に書かなかったけれど、口でしゃべった説明をほんの少し補足するだけでも、実は格段にわかりやすくなるのですが……。

下手な側の学生たちのレポートを読むと、彼らの論理力のなさを痛感させられます。いかに情報の整理ができていないか、いかに混乱しているか、かわいそうになります。いったい何がいいたいのかさっぱりわからず、文章のつながりも支離メッレツです。頭の中の混乱をそのまま文章にしている——そんな印象です。

論理的な思考がきちんとできるようになれば、はるかに上手な文章を書けるようになります。内容がきちんと整理され、主張が明確な文章を書けるのです。**書いている人間の思考の過程が読み手にも伝わる、そんな文章が論理的な文章**といえます。名文でなくてもいいですから、相手によく伝わること、それが論理的な文章法の初歩の初歩ということです。

京大生の悪文の一例をお見せしましょう。内容はすっかり改作しましたが、文章のつながりはそのままです。こんなにもひどい論理力の人がいるということです。文章がすっかり渋滞しています。

> このごろの大学生は頭が悪いとよくいわれるが、それは、分数の計算ができないとか、漢字がわからないなどということなんだと思う。分数も計算できないのはひどすぎるのは当然である。今の世の中で本当に必要な頭は、もっと難しくて、複雑な現実の問題を処理できる頭だと思う。頭の悪い大学生が増えすぎだと世間は嘆くので、そういう能力も持ってないなら本当に頭が悪いのだと思う。分数ができない大学生の教育が崩壊した現在、一番必要な勉強はそういう能力を身につけるためどうすればいいのかを学ぶべきだと思う。何を学べばいいのか分からないという大学生を最近の大学生というのだと思う。私は最近の大学生なので、頭の悪い大学生だと思う。
>
> 単位ください。お願いします♡

●いつでも情報を整理するクセをつけよう

読んでいると、イライラするような文章ですね。論理的に整理して表現できない人の特徴です。本書を読めば、もっと明快な文章を書けるようになります。

京大生の書くこんな文章の例からもうかがえるように、世の中には「論理的でない人」「情報の整理が下手な人」「説明が下手な人」がたくさんいます。それはIQ（知能指数）ではかるような頭のよさとはまた異なります。IQの評価は数学能力重視ですが、論理の能力はもっと広範囲です。

関門はいくつかあります。第1は、「入ってくる情報を、頭の中でうまく整理できない」という関門です。入ってくる情報が複雑になるほど、この関門でひっかかる人が増えます。

第2は、頭の中に情報を何とか収めたけれど、それを「整理して外へ出せない」という関門です。前記の文章を書いた京大生はこのレベルからして問題です。

さらに第3の関門は、「情報を表現する方法」という関門です。情報を整理できたけれども、「効果的な表現」ができないために、相手に訴えかけることができないという問題点です。

とにもかくにも、論理的にものを考え、論理的に話すことができるようになるためには、まず、情報を整理することをマスターしなければなりません。

「情報の整理」こそ、頭スッキリへの第一歩であるとまず覚えておいてください。この初歩の初歩から始めて、京大式のスーパーレベルまで、だんだんと説明していきましょう。

なお、先ほど「知能指数とは異なる」といいましたね。それはすなわち、「ちょっとしたコツを知れば、うんと頭スッキリになれる」ということも意味しているのです。**「“ちょっと” で “うんと”」**です。これを最大の目標に、論理の極意を説明するのが本書です。

情報の整理というのは、見たり、聞いたり、読んだりしたことをまとめる作業、あるいは自分で考えたことをまとめる作業です。これは基本中の基本です。

ですから、この章では**「基本的な情報整理法」**をご紹介します。ただし、大切なのは情報整理法をマスターすることだけではありません。もっと大切なのは、「情報を整理するクセ」をつけることです。

いつでも頭の中で情報を整理するクセをつけてしまいましょう。そうすれば、自然とポイントを整理して話を聞くことができるようになります。多少複雑な話でも、頭がこんがらかるというようなことはなくなります。自分の考えていることを相手に伝える場合でも、情報の整理ができていれば、上手に伝えることができるようになるはずです。

この章は初級の情報整理術ですが、読み進んでいただくと、それをアイデアの発想に用いたり、議論の勝ち方に応用したりできることがわかってきますよ。お楽しみにお読みください。

情報をヨコに整理する――MECE

●情報をもらさず並べあげよ

まずは情報をヨコ型に整理するクセをつけましょう。「ヨコ」というのは、「情報をもらさず並べあげる」という意味です。同じレベルに並べるという意味で、「ヨコ」と表現しました。

論理関係のビジネス本には、必ずといっていいほど、「MECE」と「So What ?」が出ています。順にご説明しますが、MECEがヨコ型に相当します。

では、MECEとはなんでしょうか？

MECE（ミッシー）は、ビジネスの世界を中心に広く使われている情報の整理法です。変な名前ですが、わけのわからない名前のほうが高級そうに見えるという程度の命名でしょう。ごく低レベルの方法ですから、内容は難しくありません。

M　＝mutually（お互いに）

E　＝exclusive（重ならず）

C　＝collectively（全体を）

E　＝exhaustive（網羅して）

の頭文字をとったものがMECEです。「お互いが重なり合うことなく、全体をカバーしている」という意味です。まさに字のとおりですね。安心してください。

具体例を見ながら、「MECEとはどういうものか」をご紹介しましょう。集合論を知っている人には、ごく退屈な論理の知恵にすぎません。論理のごく初級です。要するに、「何でも整理しないと気がすまない」という整理グセがMECEだとお考えいただいたらよいでしょう。論理的に考えるためには、少しはこの種の基礎訓練が必要だということです。

●MECEの条件を考えてみよう

具体的な例として、本棚を整理する場合を考えてみましょう。

次のような本があるとします。これらを本棚に整理したいのです。どのような整理方法が考えられるでしょうか？

- 宮部みゆきのミステリー（文庫判）
- コミック（四六判）
- 阿川佐和子のエッセイ（文庫判）
- 村上春樹の小説（四六判）
- ビジネスの実用書（A５判）
- 岩波新書——エッセイ（新書判）

・アイドルの写真集（Ａ４判）
・ノベルス（新書判）
・園芸の実用書（Ｂ５判）
・料理の実用書（Ｂ５判）
・サンマークビジネスコミックス（文庫判）

まず、考えられるのは、サイズ別に整理するという方法です。

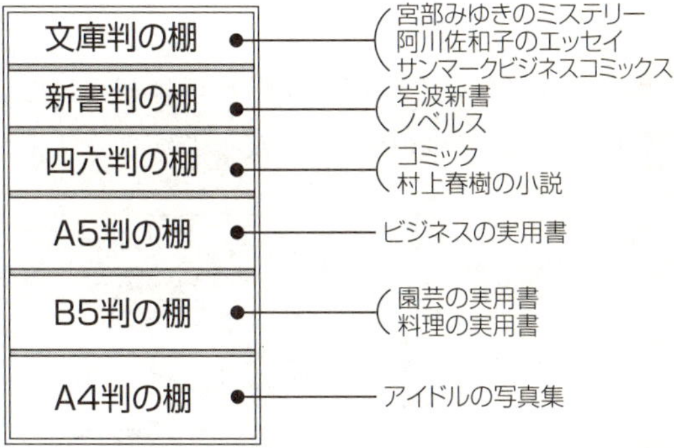

例えば本棚に入れるなら、文庫判、新書判、四六判……というように、棚ごとにサイズの違う本を入れるという方法が考えられます。図はそれをあらわしたつもりです。

同様にして、日常生活において「お得意先はどう分類できるか」「あの人のいった論点は何か」などを整理して考える習慣をつけるのがMECEです。本棚の場合に、この整理法がどうしてMECEといえるのか、MECEが掲げている条件を確かめてみましょう。

【条件1】お互いが重なり合っていないか？

ここでは、本棚を整理するために「文庫判」「新書判」のような項目を立てました。これらの項目どうしが重なり合っていないことが、MECEの第1の条件になります。

サイズ別に分けたのですから、項目どうしは厳密に分かれています。お互いは重複しようもありません。

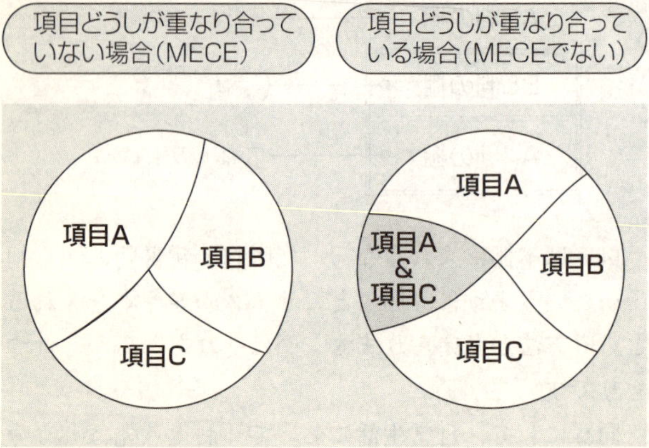

第１の条件はクリアですね。

【条件２】集合全体をカバーしているか？

第２の条件は「集合全体をカバーしている」ということです。

いまの例でいうと、「集合全体」とは、これから整理しようとする「本のすべて」を指します。つまり、MECEであるためには、すべての本が、サイズ別に分けた本棚のいずれかの段に収まらなければならないということです。この場合では、すべての本が本棚に収まっているので、条件２もクリアしていることになります。

では、この条件をクリアしていない場合とは、どんな場合でしょうか。例えば、Ａ４判より大きなサイズの本を新たに買ってきた場合は、この条件をクリアできません。ここで立てた項目では、Ａ４判より大きな本が入るべき場所がなく、MECEでなくなってしまいます。

こうした事態を避けるため、MECEではサイズで分けるようなときには、「Ｂ６判～Ａ５判」「Ａ４判以上」のように、各項目に幅を持たせるのがよいでしょう。つまり、この初級のロジカルシンキング法では、そんなに完全な分類ができるものではないことにご注意ください。

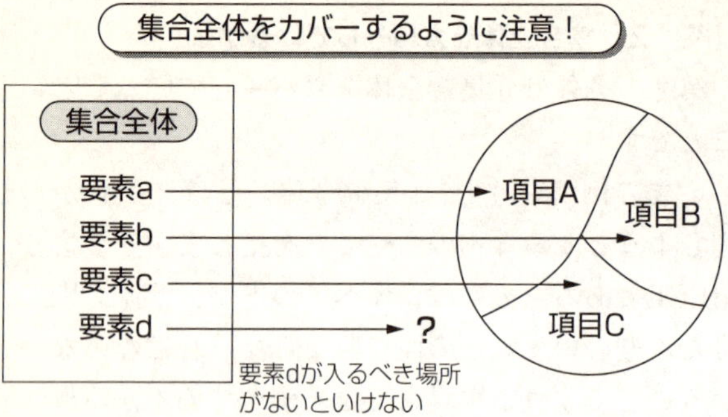

●細かすぎる分類は混乱のもと

さて、サイズ別の整理は、本棚がスッキリするという意味では、まずまずよい整理法です。しかし、本を探すことを第一に考えた場合、探しやすいとはいえません。なぜなら、私たちは「四六判の本が読みたい」とか「今日はＡ５判の本を読もう」というように本を選びませんからね。そこで、使い勝手を考えて、ジャンル別の項目を立ててみることにしましょう。

ここで考えてみていただきたいのですが、次ページの左側に示した項目立ては、MECEになっているでしょうか？

解答としては、これは厳密な意味でのMECEとはいえません。なぜなら、【条件1】の「お互いが重なり合うことなく」をクリアしていないからです。

小説の棚
エッセイの棚
実用書の棚
マンガの棚
写真集の棚

・宮部みゆきのミステリー（文庫判）
・コミック（四六判）
・阿川佐和子のエッセイ（文庫判）
・村上春樹の小説（四六判）
・ビジネスの実用書（A5判）
・岩波新書――エッセイ（新書判）
・アイドルの写真集（A4判）
・ノベルス（新書判）
・園芸の実用書（B5判）
・料理の実用書（B5判）
・サンマークビジネスコミックス（文庫判）

問題になるのは、例えばサンマークビジネスコミックスです。これはマンガとするべきなのか、実用書と考えるべきなのか、ちょっと困ってしまうでしょう。実は本書の立場では、困ったほうがいいのです。そんな人のほうが論理思考の素質がありますし、実世界とはそのように困った世界なんです。

しかし、MECEを金科玉条としている本では、それでもMECEにこだわり続けます。一方、京大式ロジカルシンキングでは、この欠点を逆用したり、あるいは突破する方法を考えます。少し先の節で京大式の実践的なMECEを述べますが、ひとまず、初級のMECEにしたがってご説明しますと、これを解決するためには、

①マンガで書かれたものでも、内容が実用的であるなら、実用書に分類する。
②新たに「実用マンガ」という項目を作り、実用書とマンガには実用マンガは含めないことにする。

というような策が考えられます。

では、あなたならどちらを選ぶでしょうか？

この例の場合、いつも②のような方針を採用し続けると、困ったことが起こります。

②の方法は、項目を細かく分けることによって、重なり合いを解消しています。この方法でいくと、集合の要素が多くなれば多くなるほど、例外が増えて、項目数も増やさなければならないでしょう。そして、項目数が増えるという現象は、**極度に複雑は論理思考の敵、つまり、混乱のもと**というのがMECEの考え方です。

情報整理の目的は、ゴチャゴチャしているものを「スッキリ」とさせ、全体がどうなっているか「わかりやすくする」ことにあります。項目が多すぎると、

結局ゴチャゴチャしたまま、もとの木阿弥ということになり、これでは整理した意味がなくなってしまいかねません。

MECEで整理するときは「細かく分類しすぎない」というのが１つのポイントになります。**適度に複雑、適度にシンプル**が重要だと覚えておいていただくのがよいでしょう。

●「重なり合うこと」がダメなわけ

MECEは「お互いが重なり合うことなく」というのが原則になっていますが、なぜ、重なり合うことがダメなのでしょうか。

その１つの理由は、先ほどの「混乱」です。ある要素が①の項目にも②の項目にも入るというのでは混乱が生じ、せっかく整理した意味がありません。

もう１つの理由は、項目どうしが重なり合っていると、「情報の信頼度が低下する」というところにあります。

例えば「電話機を購入する際、最も重要視する点」について調査したところ、次ページの図のような結果が出たとします。

「OLは価格よりもデザイン重視、主婦はどちらかというと価格重視」という情報をグラフから読み取るこ

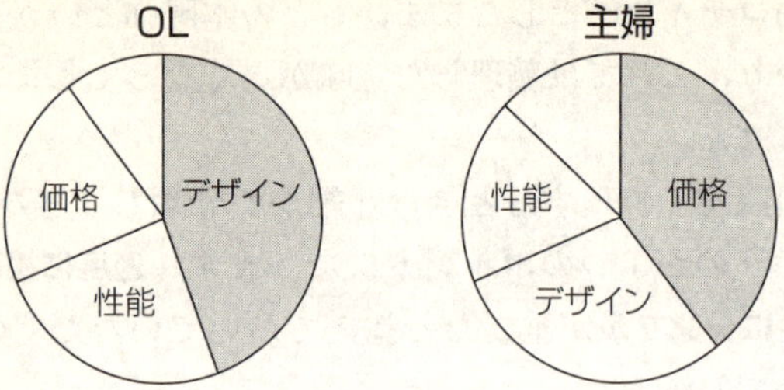

こんな分類でいいの?

とができます。では、「OL兼主婦」の人はどうなんでしょう?「価格よりもデザインを重視しながら、どちらかというと価格重視???」いまの項目分けではわかりませんね。

つまり、OLと主婦という項目の立て方では、重なり合ってしまう部分が出てきます。その結果、主婦でOLの人は、どっちに入るのか、わからないということになってしまいます。こういう事態を避けるため、MECEでは、「お互いが重なり合うことなく」を原則としているのです。

新入社員さんは、この点をうんとしっかり頭にたたき込んでおくべきでしょう。こんな市場調査をしてきたら、きっと上司から叱られてしまいますから。

●原則を守るか、破るか

しかし、これはあくまで原則です。

MECEには欠点が多いですから、MECEにあまりこだわりすぎないほうがよいとおすすめしておきたいと思います。特に自分で整理する場合には、です。MECEはごく初級のロジカルシンキング法ですし、厳密なMECEで整理しようとすると、「年齢」「性別」「職業」「地域」といったありきたりの分け方しかできなくなることが多く、そこから出てくる結果も、つまらないものになってしまいがちだからです。ただ、少し戦略的に述べますと、**他人が分類したMECEには細かくこだわれ**という原則をおすすめしておきましょう。

例えば先ほどのように、OLと主婦にしか分類していなかったとしたら、

「きみ、それじゃ〈既婚OL〉が抜けてるじゃないか。少なくとも〈独身OL〉、〈既婚OL〉、〈専業主婦〉に分けるべきなんじゃないかい」

とコメントを入れると、あなたは論理能力が高いとみなされるでしょう。

しかも、ここで「少なくとも」とひと言入れるのが“戦略的”なミソです。このひと言を入れておきますと、「高齢者」「子ども」など、どんどん例外を出されても、議論でいい負かされることがなくなります。

また、「鳥は飛ぶ」など安易な論理を破るときなどにも、MECEの精神は有効です。鳥をどんどん並べあげていって、例えば「ペンギンは飛ばない」「ダチョウは飛ばない」などに気がつけばいいだけですから。

●京大式の実践的MECEでは

さて、「完全な分類」を隠して、議論をごまかすテクニックは、世の中でしばしば使われます。「鳥は飛ぶ」では簡単すぎますので、ダレル・ハフの『統計でウソをつく法』(講談社ブルーバックス)で見つけた例をお示ししましょう。次のトリックを見破れますか?

> 1942年にデューイがニューヨーク州知事に選ばれたとき、教師の最低年俸が900ドルに満たない地域がありました。5年後である1947年の予算編成の結果、ニューヨーク市では教師の最低年俸は、2500ドルになりました。

デューイはすごい知事だと思われるかもしれませんが、この例の場合、「集合のすりかえ」というトリックが隠されています。「900ドルに満たない地域」は、「全米」という集合に関する数字です。片田舎も含んでいました。一方、「2500ドル」は、大都会である「ニューヨーク市」に限ったものです。だから極端な差があらわれました。MECEに慣れてきて、議論の対象を的確に把握できるようになると、この種の論理トリックを見破りやすくなるでしょうね。

なお、京大が得意なフィールドワーク（野外研究）を行う場合、MECE型の分類は必須の道具です。現地調査に出かける前に、何を調査すべきかをもれなく「完全な分類」にしておかないと、多額の研究費を無駄にすることにもなりかねません。

先ほどは「OLと主婦」という小さな例で述べましたが、「既婚OL」についても調査しておくべきだったことに調査後に気づいても、それはまさにあとの祭りというものです。もう二度と調査に出かけることはできません。

アンケートをとる相手から、「未婚・既婚」「年齢」など、必要十分な情報を集めるように、事前に十分な計画を練ることが必要だというわけです。そういう点では、MECEは非常に役に立つ初級ロジカルシンキング法ですね。

あるいは特別に重要なケースとして、緊急時の対策というのは、まさに一瞬にしてMECEの能力を発揮すべきでしょう。例えば、取引先が急に倒産しました。あなたは何をどうすべきですか？

相手に対する債権がどれくらいあるか計算し、その回収交渉をどうするか。弁護士に依頼するか。回収できないときに連鎖倒産の危険はないか。計画倒産として訴える必要はあるか。うちの社員の給料は払えるか。仕掛かり品の生産はストップ……などなど。何十項目も並べあげるべきです。

要するに、MECEというのは、教室で扱う程度の死んだ技法ではなくて、「真剣勝負」で使いこなさないといけない場合もあると理解していただけたら幸いです。

●ネーミングの例題

MECEの最後に、オマケの問題をつけておきましょう。「過去のヒット商品のネーミング」について、次のような項目を立てて整理する場合を考えてみてください。これでうまくいきますか？

・話しかけ型…「ごはんですよ」桃屋／「写ルンです」富士フイルム

・ダジャレ型…「通勤快足」レナウン
・日本語の造語…「不老林」資生堂
・外国語の造語…「ノンスメル」白元
・日本語＋外国語の造語…「創ing」東京重機

MECEの完全な分類にこだわるなら、これはまったくMECEになっていません。ダジャレ型の「通勤快足」は、日本語の造語にも入れることができそうです。また、「創ing」はダジャレ型でもOKでしょう。

この重なり合いを解消するためには、ダジャレ型という項目をはずせばよさそうです。ただ、ダジャレ型はおもしろネーミングの核となる、重要な切り口でしょうね。

MECEというのは、使う対象によっては、この程度の能力や使い勝手しか持っていないということです。おもしろい切り口、斬新な切り口、意味に関する切り口を活かすためなど、やや高度な使い方をするには硬すぎます。それを乗り越える方法については、後の章でお話ししたいと思います。

ただ、このように分類を試みていると、ネーミングなどについて、「整理した知識が徐々に身についてくる」という効果くらいはあります。少しだけ頭スッキリになったなら、ここまでのところでは結構です。

整理した情報にタテの視点を加える――So What？

●タテの視点とは何か

MECEというのは、何でもかんでも並べあげるという手法にすぎませんでした。「もらさず並べる」という考え方でした。それを「ヨコ型」とこの本では呼びました。

それに対して、「タテ型」という論理思考の方法もつけ加えるべきです。並べあげただけでは、まだ論理にもなっていないような稚拙な段階ですから。タテ型の方法への発展法はいくつかあります。

①データをピラミッド構造に整理する

例えば、書物の「章」や「節」などのように、“入れ子”構造あるいはピラミッド構造に分類を整理する方法です。木の幹から枝や葉に分かれていくような分類法です。

②論理の因果関係で結びつけていく

「AならばB」という論理の連鎖です。例えば「スカートの丈が短くなる」と、「パンストの売れ行きが上がる」だろうなどです。まさに論理思考だというタテ型ですね。

このうち①に関する話題の発展形は、３章の内容に含まれます。ここでは論理思考の典型として、②の初歩だけを先に説明します。

例えば、「スカートの丈」は景気のバロメーターといわれていて、景気の悪さとスカートの丈には相関関係があると信じられています。次のような推論をしてみると、そうかもしれないと思われることでしょう。

スカートの丈が長くなる

↓

パンストが売れなくなる／靴も売れなくなる

↓

あまりオシャレをしなくなる

↓

消費が減り、景気が悪くなる

このような推論の連鎖を「タテ型」と呼びましょう。タテ型の論理的推論能力を高めるのが、「So What ?」と呼ばれる手法です。このほうがMECEよりずっと本格的ですね。

●So What ?＝その情報から何がいえるのか？

So What ?とは「だから何なの？」の意味です。「受け取った情報から何がいえるのか」、それを情報から読み取る手法です。

正式にはこの手法は、「So What ?/Why So ?」といいます。意訳すると、「だから何なの？　それでいいの？」になります。

ロジカルシンキングの場合、まずMECEで事柄をすべて並べます。その次の段階として、それらから、「したがって～」と結論を推論するのがSo What ?です。

より詳しく説明しますと、So What ?でまず「したがって～」と結論になりそうなものを考えます。そして、推論された結論からもう一度考え直して、並べた事柄すべてに当てはまるかを「検証」するのがWhy So ?です。この2段階を踏みますので、よく注意してください。

論理学では、証拠から「仮説」を立てることを「仮説形成」といいます。こんなややこしい言葉を使わなくてかまいません。「ならばの論理」なんだと覚えてくだされればOKです。簡単な例を見ていきましょう。

①クルマのボンネットに雨つぶの跡がついている。

②今朝、雨が降ったのだろう。

この例の場合、①が証拠、②が仮説です。そして、①という証拠から②という仮説を立てるのが、仮説形成で、つまりこれがSo What ?です。

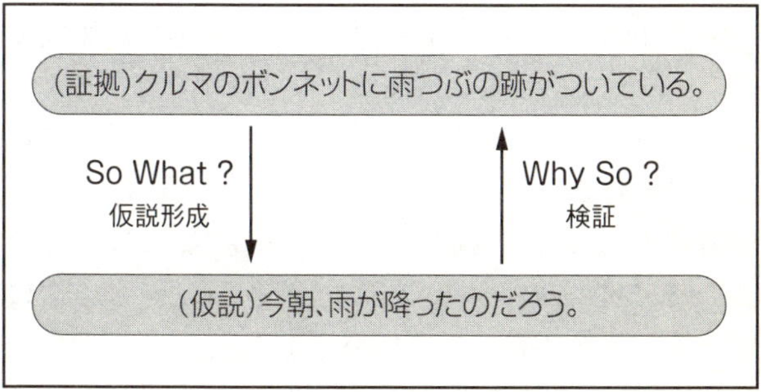
(証拠)クルマのボンネットに雨つぶの跡がついている。
So What ?
仮説形成
Why So ?
検証
(仮説)今朝、雨が降ったのだろう。

●「So What ?＝仮説形成」と「Why So ?＝検証」

仮説を立てるときに注意しなければならないのは、立てた「仮説で証拠を説明できる」かどうかです。つまり、「それで納得できるか？」が何よりも大事だということですね。

だからWhy So ?というのは、「どうして、そうなのか？」の意味で、仮説の「検証」にあたります。So What ?の逆方向です。前の図のように、仮説形成になぞらえて考えると、「So What ?/Why So ?」の概念がつかみやすいでしょう。

議論の場で「あなたの主張は、論理が飛躍している」「君の意見は、つながっていない」という指摘を受けたことはないでしょうか。Why So ?は、論理の飛躍を防止するための確認作業だということです。

So What ?は、あくまで仮説形成にすぎず、事実ではない段階であることに注意しなければなりません。まだあいまいさ、あるいはファジーな部分が残っているのが普通です。

論理が苦手であるという自覚のある人は、このWhy So ?を省略していることが多いのです。常にWhy So ?を心がけるとよいでしょう。

●MECEとSo What ?／Why So ?の相互作用で信頼度を高める

以上の説明は抽象的ですから、現実的な例を示しましょう。例えば次の「気温と刺身」の例の場合、示したグラフはMECEでしょうか？

これは、MECEとSo What ?/Why So ?を本格的に実践するための例題です。京大式ロジカルシンキングを本格的に実践するためには、「MECEとSo What ?/Why So ?の《相互作用》」が必要になるのです。

（情報）あるスーパーで、１ヵ月ごとの気温と刺身の売り上げの関係を調べたところ、次のような結果が出ました。

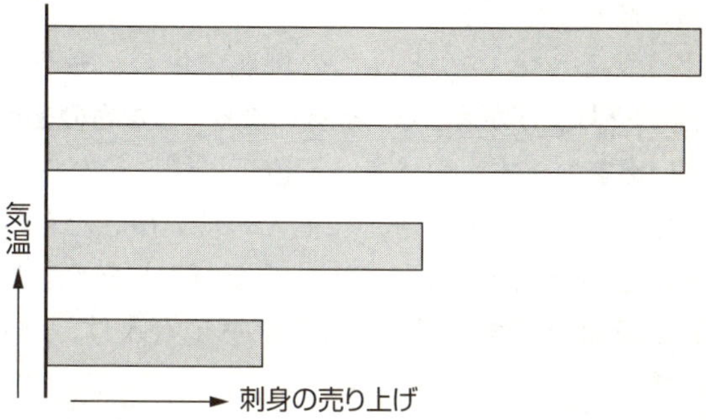

（So What ?）結論：寒い日には刺身の売り上げが落ちる。

このグラフから、原因（理由）と結果の関係を読み取ろうとすると、一見すると「寒い」が原因、「刺身の売り上げが落ちる」が結果に見えるでしょうね。大部分の人がそう考えてしまうかと思います。

しかし「ああこれで説明できているじゃないか」と考えたとしたら、それは教室におけるWhy So ?にすぎません。ほかの入門書では、それでよしとしているのではないかと心配しますが、それでは決して論理思考の達人にはなれません。

達人は、「MECEとSo What ?/Why So ?の《相互作用》」を行います。それによって、論理の信頼度を飛躍的に高めるのです。

どうするかというと、この例題の場合、**もう一度「刺身の売り上げが落ちる」原因になりそうなものをすべて洗い出す**のです。つまり、MECEの徹底したやり直しです。そして、そうやって新たに洗い出したものが原因になる可能性がないこと、少ないことを示すという方法をとります。それが本物のWhy So ?だということです。

この例の場合、刺身の売り上げが落ちる原因として、例えば次のような可能性がなかったでしょうか。

①寒い日は来客数自体が減り、ほかの商品の売り上げも落ちていないか。
②寒い期間は精肉など対抗商品の特売日を多くしていないか。
③寒くなるころ、近隣に競合スーパーが開店したなどの事実はないか。

あくまで例として、いくつかの要因を並べてみました。このような要因がどれも存在しないということを、きちんと示すことができたとき、初めて、「寒い」が「刺身の売り上げが落ちる」ことの有力な原因になりますね。

例えば、①の可能性を除くには、「全体についての売り上げの減少よりも、刺身の売り上げ減の割合が大きい」というデータを示せばいいわけです。また②については、「精肉の特売日」と「それ以外」というデータが必要ですね。一方、③という事実が存在する場合には、So What ?で得た仮説自体が否定される可能性が高いでしょう。

これが本格的なロジカルシンキングというものです。おわかりでしょうか。このようにしてSo What ?の信頼度をどんどん高めていくことができれば、「寒い日には刺身の販売を少なくする」「鮮魚の仕入れを少なくする」などといった策を講じることができます。廃棄すべき売れ残りが減るので、スーパーの利益率の向上につながります。見当はずれの対策を立てる失敗が激減して、論理思考がガッチリ利益に結びつくというわけです。

以上、この章ではMECE、So What ?を中心に情報の整理法、情報の利用法について、京大式と呼べるような導入としてのご説明をしてきました。論理のツールとしては初歩の初歩です。まだアリストテレス時代の論理学と大差ありません。現代の論理学は著しく発達していて、もっと強力、もっとおもしろいのです。2章以降では、徐々にそのダイゴ味を味わっていただきたいと思います。MECEとSo What ?を駆使する能力も、もっとはるかに向上できます。

2章はまだ初級ですので、論理に関する基礎的な注意ですが、3章以降で中級に入ると、だんだんとパワーアップして、発想力や論争力を鍛えていきます。そして上級コースをマスターしたときには、あなたは達人の域に達するでしょう。

ちょっとひと息

❇2つの時計

1年に1度しか正確にならない時計と、1日に2度正確になる時計と、どちらがよいか？「後者だ」ときみは答える。「文句なしにね」。よろしい、さあ、聞きたまえ。（ルイス・キャロル『不思議の国の論理学』柳瀬尚紀編訳　河出文庫）

《前者は1日約4分狂い、後者は……あ、壊れて止まってんだ》

❇『悪魔の辞典』の「論理学」の項より

大前提――60人の者が一緒にやれば、1人でやるよりも、ある1つの仕事を60倍も早くやってのけることができる。

小前提――1人でやると、柱を立てる穴を掘るのに60秒の時間がかかる。

断案――60人の者が一緒にやれば、同じ穴を掘るのに1秒間で足る。（ビアス『悪魔の辞典』西川正身選訳　岩波書店）

《できないからって、みんな帰っちゃわなくってもいいだろ》

❇小ばなしより

親不孝の息子をおじさんが説教する。「親というのはいくらお金を出しても買えない。もっと大事にしなきゃダメだ」。息子答えて曰く「おっしゃるとおりです。でも、売ろうと思っても、買い手もいないものなんです」。

《親父「おれのリストラをサカナにするなって、オマエたち！」》

京大式ロジカルシンキング【初級コース】

2章

実践から見た論理の欠点・弱点

あなたの論理力を診断する

実世界を忘れた論理は役に立たない

●人間の脳がコンピュータに負ける？

「チェスの世界チャンピオンがコンピュータに負けた」というニュースを聞いた覚えがあるでしょうか。負けたのは1997年で、当時の世界チャンピオンだったガルリ・カスパロフさん。勝ったのはIBMのスーパーコンピュータ、「ディープブルー」でした。

当時、「人間の頭脳がコンピュータに負けた」というような騒がれ方をしましたが、チェスの勝敗をそのまま人間の頭脳とコンピュータの戦いに当てはめるのは、少し短絡的すぎます。人間の頭と、コンピュータで使われる論理には、いろいろ違いがあるからです。

では、人間の頭とコンピュータには、どんな違いがあるのでしょうか。それを見ていくと、世の中で論理思考と呼んでいるものの「欠点・弱点」や、それを「改善する方法」がだんだんとわかってきます。ここから本格的なロジカルシンキング法の説明に入ります。

まず、次の文章をご覧ください。「認知科学」という分野で有名な例題です。これを読んで、あなたはどんな光景を想像するでしょう？

レストランに入った。
特大のステーキに挑戦した。
ベルトをゆるめた。
店を出た。
（戸田正直他『認知科学入門』サイエンス社）

あなたは何の苦もなく、次のような光景を思い浮かべたでしょう。レストランで席についている男または女、テーブルの上に置かれたジュージューと音を立てる焼きたてのステーキ、肉を切り分け、口に運ぶさま、おいしそうな顔、満腹になってベルトをゆるめる、レジでお金を払って店を出る姿……。

ところが、同じことをコンピュータに理解させるとしたら、実は非常にやっかいです。人間にとってはたったの４行でわかったことでも、次ページにあげるような数十行のスクリプト（台本）が最低限必要になる、というのがある有名な人工知能学者たちの説です。ちょっとページをめくってみてください。そして数行眺めていただくと、あきれてしまうのではないかと思います。

コンピュータは、電気ソロバンにすぎません。この世界に関する一切の常識を持ちません。レストランにテーブルやメニューがあることも、レストランが食べ物を提供するところであることも知りません。さらに、客が空腹であることも、食べたらお金を払わなければならないことも……。たった4行を理解させるために、これらのことを一から教えなければならないのです。

しかも、スクリプトはあくまで最低限で、コンピュータに本当に理解させようと思ったら、もっともっと多くの情報が必要になるに違いありません。前章でご注意したように、「少なくとも」くらいの言葉はつけないといけないのです。

さて、スクリプトに書き出してみるとよくわかるように、私たちが暮らしている実世界は非常に複雑です。複雑そのものです。レストランの外には、道路があってクルマが走り、町があってそこを歩く人がいる、もっともっと複雑な世界が広がっています。

ちまたで見かける論理の本では、実世界が非常に複雑であるということを教えていない本が多いのです。何かというと三段論法を持ち出して解説していますが、**複雑な実世界に三段論法で挑もうとするのは、竹ヤリで爆撃機に立ち向かうようなもの**に違いありません。

三段論法では、「AならばB」「BならばC」「よってAならばC」というような形式で結論を導き出します。しかし、実世界ではA、B、Cの3つだけということ

レストラン・スクリプト

スクリプト名：レストラン
道 具 類：テーブル、メニュー、調理された食物、請求書、お金
配　　役：客、ウェイター、料理人、勘定係、レストランの主人
登場条件：客は空腹である。
　　　　　客はお金を持っている。
結　　果：客の所持金が減る。
　　　　　レストランの主人の所持金が増える。
　　　　　客は空腹でなくなる。

第１場：入店
　客はレストランに入る。
　客はテーブルを見わたす。
　客はどこに座るのか決める。
　客はテーブルへ行く。
　客は着席する。

第２場：注文
　客はメニューをとり上げる。
　客はメニューを見る。
　客は注文する料理を決める。
　客はウェイターに合図する。
　ウェイターはテーブルに来る。
　客は料理を注文する。
　ウェイターは料理人のところに行く。
　ウェイターは料理人に注文を伝える。
　料理人は料理を作る。（料理スクリプト）

第３場：食事
　料理人はウェイターに料理を出す。
　ウェイターは料理を客に運ぶ。
　客は料理を食べる。

第４場：退出
　ウェイターは請求書を書く。
　ウェイターは客のところへ行く。
　ウェイターは客に請求書を渡す。
　客は勘定係のところへ行く。
　客は勘定係に金を渡す。
　客はレストランを出る。

Schank&Abelson(1977)および Bower,Black&Turner(1979)を参考にして作成した。

はきわめてまれです。DもあればEもある、さらにFもGもからみ合っているというのが通常ですよね。

論理を実践に役立てようとするなら、複雑きわまりない実世界を踏まえたうえで論理を使いこなす必要があるというわけです。

●「論理のヌケ」をねらわれる

人間がたった4行でレストランで起こったことを理解できるのは、生きているうちに自然に身につけた「常識」があるからです。

もう一度、前ページの表を見直してください。レストランとはどんなところで、ステーキは料理の一種であって、料理は食べるものである、などというのを人間は知っています。この常識のおかげで、文章に「論理のヌケ」があっても、その穴を埋めることができ、たった4行でも光景を想像することができるのです。

常識のおかげで、日常の会話で論理のヌケがあってもほとんど問題になりません。例えば、「電車が込んでいて、たいへんだったよ」と聞いて、「電車が道路で渋滞した」とはだれも思いませんね。「電車の車内が乗客で込んでいて、たいへんだった」と、ちゃんと言葉を補って理解します（もっと補ってもかまいませんよ）。

このように、言葉が足りなくても理解できるのですが、だからといって、論理的に考えなければならないときに、言葉を省いたための「考え落とし」は困りものです。人間は、ついつい何でも常識的に安易に判断してしまい、論理のヌケに気がつかないことが多いのです。

ビジネスの場などでも、いろいろな「考え落とし」でてこずることが多いものです。例えば——

①いちばん困ったヌケは、法律や条例などの規制のチェックを忘れることでしょう。せっかくニュービジネスを発明したのに、役所へ行ってみたら「ダメ！」。お役人さんたちは、できるかぎりの論理を網の目のように張りめぐらして、ベンチャーさんたちなどを待ちかまえています。

②一方、お役人さんたちが困るのは、法律の網の目をかいくぐる人たち。「そんなことをされては……！」と思っても、法律にひっかからない巧妙な手口だったりします。そうでなくても、税金逃れなどはどこでも必死で考えていますし。

③日本流で困るのは、「根回し」を忘れた場合。論理というほどでもありませんが、だれそれさんの耳に入れておかなかったために、会議であえなく否決

……。こんなレベルから気をつけざるをえません。

真のロジカルシンキングというのは、こういった生々しい実世界の場でこそ活かされなければなりません。初歩のMECEを本物の実世界で活かし、「もれなく並べる」ことの大事さをわかっていただかなければなりません。

また、「重なりなく」全体を網羅していくと、法律などの論理のヌケを発見する有力なきっかけになります。あなたが法律を作る側か、抜け穴を探す側かは存じませんが、これは基本中の基本のテクニックなんです。

●ジョークは頭の体操に効く

論理のヌケを作らないため、またヌケを見抜くためには、いつもそれを気にかけてチェックするクセをつけることが大切です。そのためのトレーニングの1つとして、私は「ジョークに親しむ」ことをおすすめしています。あるいはギャグマンガなどの柔らかい本でもよいでしょう。

ジョークは、論理のヌケの宝庫です。論理のヌケをついて屁理屈をいったり、いいわけしたり、相手をいい負かしたり……。常識的な考えの裏をついて笑いを誘うというのが、ジョークを作るオーソドックスな方法です。例えば、次のようなジョークがあります。

　ダニーは教員室に呼ばれ、詰問された。
「ダニー、どうしてこのネコについての作文は、シモンの作文と同じなんだい？」
　するとダニーは、少しもあわてずに答えた。
「だって、シモンと同じネコについて書いたんだもん」

　アイザックとスーシャが、同じ部屋で本を読んでいた。
「あなた、表が寒いから窓をしめてくださらない？」
　とスーシャが夫に言った。夫は面倒くさいので黙っていると、
「あなた、聞こえないの？　表が寒いから窓をしめてくださらない？」
　夫はまだ、立ち上がろうともしないで、本を読んでいた。
「あなた！　いいかげんに、窓をしめて！」
　アイザックはしかたなく渋々立ち上がって、窓をしめ、妻に言った。

「これで、表が暖かくなったよ」

いずれのジョークも、ラビ・M・トケイヤー著『ユダヤ・ジョーク集』（加瀬英明訳、講談社文庫）からの引用です。著者のトケイヤーは、同書で次のように述べています。

「ジョークほど幅の広い創造力と機知を要求されるものはない。機転、頭脳のすばやい回転が必要だ。物事を馬車馬のように一つの方向だけから見るのではなく、すばやくその周囲を駆け回って、いろいろな方角から見る能力が要求されている。

これは、一つの発想法である。アインシュタインの相対性原理は、今までの既成の概念を打ち破ったし、また心理学を打ち立てたフロイトは、まったく新しい世界を人間の前につくり出した」

これらのジョークは、「論理の小宇宙」にすぎません。しかし、実世界の論理の訓練に役立ちます。特に2つ目のジョークは言葉尻を捉えたものにすぎませんが、世の中にはそういう「言葉尻攻撃」が多いものです。それにどう対処するかとか、「変な論理」に対抗するためにも、ジョークなどで頭を柔らかくしていただくのがよいでしょう。

何しろ、実世界という“大宇宙”は、こんなジョークと比較にならないほど、論理のヌケだらけです。死中に活を得るのも、討論であえなく討ち死にするのも、論理のヌケに対する目配りが死命を制するのですから。

●コンピュータは犬と猫を見分けられない

さて、論理をもう少し基礎からご説明しましょう。

論理学の「真」と「偽」は、コンピュータの「１」と「０」と同じだとみなせます。コンピュータを設計するために使う第１の技術は、実は現代論理学です。デジタル情報処理とは、「論理処理」のことなのです。つまり、コンピュータは情報を論理的に、しかも超高速で処理する機械というわけです。

ちなみに「真」とは「その命題が事実と一致すること」、「偽」は「その命題が事実と一致しないこと」を意味します。「命題」という難しい言葉を使いましたが、要するに「真偽が一意的に決まる文」のことです。

極端に論理的であることは、往々にして融通がきかないという意味にみなされたりします。決められたルールを四角四面で守り通すとか、真偽をはっきりさせないとビクとも動かないなどです。それがコンピュータの大きな欠点だと指摘されることが多いのです。

しかしさらに、コンピュータにはもっと大きな欠点があります。ご存じない方が意外に多いので、ここで触れておきましょう。例えば、犬と猫との違いを見た目で判断させるというような、ごく簡単そうな仕事でさえも、コンピュータは人間並みに行えないのです。これに成功した研究者は、いまだに1人もいません！

　コンピュータに犬と猫を見分けさせることが、いかに難しいかは、試しにその違いを言葉だけで説明してみようとすると、少しわかっていただけるでしょう。あなたは、犬と猫との見た目の違いをどう説明するでしょうか。

「犬より猫のほうが小さくて……いや、小さい犬もいるか……」

「シッポやヒゲは……どっちにもあったし……」

「顔の形の違いは、どう表現したらいいんかなぁ……」

　コンピュータを動かすのは、「プログラム」という言葉です。しかし、見た目の違いを言葉で説明しようとすると、なかなかうまくいきません。数字も使っていいのですが、それでも難しいのです。

　例えば、目は、ツリ目かタレ目か？　角度で表現したとしても、犬の目の角度と、猫の目の角度を完全に分離できるわけではなさそうです。

「ウンウン、しかし、瞳の形は違ってるだろ」

そうか、瞳の形で振り分ける！　いいえ、居眠りしている猫の写真を見せられたらピンチです。
「シッポのとれた犬とか、いろいろいるなぁ……」
チンクシャ犬とペルシャ猫の顔……どこが違いの決め手？　ひしゃげたブルドッグと、スラリとしたアフガンハウンドは同じだと分類する必要があります。体型もわからないほど長毛のマルチーズ（犬）とヒマラヤン（猫）の区別が必要です。ほんとにプログラマ泣かせで、違いを数百個くらい判定するプログラムを書いてもまだダメ。そのうち行き詰まってしまいます。
人間なら３歳の子どもでも犬と猫を見分けることができます。しかし、コンピュータにはとても難しい仕事です。そして、上記のような論理判断を延々と書いてきたのがプログラマと呼ばれる人たちのやってきた仕事なんです。しかも、まだまだ終わりません！

●脳の論理の秘密

ではなぜ、３歳の子どもはすぐに見分けることができるのでしょうか。人間の頭の中では、従来のコンピュータとはかなり異なる原理の論理が働いていると思われるのです。人間には、無意識のうちに無数の情報から重要なことだけを抜き取り、判断を下す能力が備わっています。犬なのか猫なのかをひと目で判断できるのは、目から入ってきた無数の情報を、的確にしかも瞬時に処理しているからです。これこそ、**本来、人間が持っている特別な論理力**なのです。

実は、私が大学で研究しているメインテーマはこれです。しかし、その小さな手がかりでさえ極端に難解なものです。人間の脳はいまだに神秘で未知の領域です。この本で述べるのは、そのような脳の仕組みのうち、難しい言葉を使わずに表現できる一部分をベースにしているのだとお考えください。

この章の冒頭にあげたチェスについても、人間の能力の不思議さがつきまとっています。「ディープブルー」が１秒間に読むことができた手の数は、実に２億手です。いかに世界チャンピオンといえども、デジタルな論理力や計算力で勝負したらとても勝ち目はありません。しかし、対戦の総合成績は、チャンピオンの「１勝２敗３引き分け」という大接戦で、ほとんど時の運にすぎないような結果でした。

チャンピオンが、１秒間に２億手も読むコンピュータと五分五分の戦いができたのは、なぜでしょうか？そちらのほうが不思議そのものです。

「ディープブルー」は、すべての可能性を考え、まんべんなく手を読もうとします。よい手・悪い手の関係なく、とりあえずすべての可能性を考えます。

一方の人間には、情報から重要なことだけを抜き取り、状況判断を下すための、ある種の能力が備わっています。犬と猫を見分ける能力といってもよいでしょう。チャンピオンはこの能力を活かし、最善手に近い特定の手を読もうとします。デジタル計算力で圧倒的な力を誇るコンピュータと互角に近い勝負ができたのは、こういった人間の持つ不思議な論理力のおかげだと思われます。

ただ、それをすべて言葉で表現しようとすると――レストランのステーキや、犬と猫の見分け方をはるかに上回る無数の言葉、そして無数の論理表現になってしまうことでしょう。そこには一種の乗り越えられないほどの「複雑さの壁」が存在しているのです。

ロジカルシンキングの達人になるためには、この種の「複雑さの壁」を常に意識せよという考え方が必要です。そして、複雑さに対処するように常に注意を払うか、あるいはそれを積極的に逆用して、相手を論破したり、相手をケムに巻いたりする作戦を使えますよというわけです。

机上の論理と実世界の論理の決定的な違い

●論理の袋小路へ迷い込んでしまうと……

机上の論理と実世界の論理は違うという話を、もう少し続けましょう。ふたたび「認知科学」から引用します。

次の文章を読んでください。あなたはこれを読んで理解できるでしょうか。これは、ちゃんと筋が通っていると思いますか？

> その手順は全く簡単である。まず、ものをいくつかのグループに分ける。もちろん、ひとまとめでもよいが、それはやらなければならないものの量による。もし設備がないためどこかよそに行かなければならない場合には、それが次の段階となる。そうでない場合は、準備はかなりよく整ったことになる。重要なことはやりすぎないことである。すなわち、１度に多くやりすぎるよりも少なすぎるほうがよい。この重要性はすぐにはわからないかもしれないが、めんどうなことはすぐに起こりやすいのだ。その上失敗は高価なものにつく。

最初は、その全体の手順は複雑に思えるかもしれない。しかし、すぐにそれは生活のほんの一面になるであろう。近い将来この仕事の重要性がなくなるとは予想しにくいが、誰も何ともいえない。その手順がすべておわったあとで、ものを再びいくつかのグループに分けて整理する。次にそれらは適当な場所にしまわれる。結局、それらは再び使用され、その全体のサイクルは繰り返されることになる。とにかくも、それは生活の一部である。

（ブランフォードとジョンソンの実験に使われた文章例：戸田正直他『認知科学入門』サイエンス社）

どうでしょう？　何をいっているのかチンプンカンプン、わけがわからない、といった感じではないでしょうか。

しかし、上の文章は、これでもちゃんと筋が通っているのです。

実は種明かしをすると、これは「洗濯」について書いた文章でした。洗濯についての文章だと頭に入れて、もう一度読んでみてください。異常にまどろっこしい文章ではありますが、今度はちゃんと意味が理解できたのではないでしょうか。

これは不思議でも何でもありません。ちゃんと筋が通っていようが、論理的であろうが、**人間の頭はイメージできないものは受けつけない**ようにできています。

洗濯というイメージを与えられてはじめて、意味が理解できるようになったのです。

論理的に話すのが苦手な人、相手を説得する力のない人は、１つには**「相手にイメージを与える能力が低い」**ということができるでしょうね。そして、このような人たちは、実世界での論理の使い方が下手なのだ、と私は推測しています。

例えば、私もいろいろな提案書や企画書を読まされることが多いのですが、このへんのことがよくわかっていない人がたくさんいます。いろいろとデータを集めて、MECEやSo What ?に相当する方法で分析しているようには見えます。しかし、実際に何がやりたいのか伝わってこない、具体的なテーマが見えてこない、そんな提案が実に多いのです。

提案書や企画書でいちばん大切なのは、**「何がやりたいのか」「それはいままでのものとどこが違うのか」**といったことを明確に伝えることです。ここが抜けてしまったのでは、「洗濯」の文章と何ら変わりはありません。実世界における「事実」は何だといった、**「具体的なイメージ」を最初にぶつけてこそ、論理は武器としての切れ味を格段に高めることができる**のです。

●日本人のスピーチがわかりにくいのはなぜか

「日本人は論理的でない」と外国人によくいわれますが、それは当然でしょう。例えばスピーチをするとき――前おきが異常に長いですね。自分はこのスピーチにふさわしくないとか、時候のあいさつとか、関係者へのお礼とか延々と続きます。

欧米人は「自分がどう思うのか」「何をやりたいのか」、はっきりと自信を持って話すのが一般的です。これに対し日本では、「自己主張」をなるべく抑えるのがよいとされ、自分の主張をごく「遠回し」に伝えようとします。欧米人から「何をいっているのかわからない」と思われるのは当たり前でしょうね。

『週刊朝日』にこんな意味の記事が出ていました。「大学教授出身のある大臣の話し方は言葉に無駄がなく、論旨が明確でわかりやすい。論理的な話し方なので、同時通訳しやすい」。例えば、主語をはっきり話し、結論を先に持ってきましょう。さらに、その根拠をきちんとあげるようにしましょう。この種の英語的会話術は参考にすべき点がありそうです。

ただし、単に机上の論理をいじくり回しているだけで、実行が伴わないのでは、それこそ“So What?（それがどうした？）”といわれてしまいます。実世界を見失って、論理の袋小路に迷い込まないよう注意してくださいね。

一方、京大式で名をなしたすごい先輩たちは、いつも「事実」をきちんと押さえて、そのうえに自分の論理を構築してきたといえるでしょう。

私が尊敬する梅棹忠夫さん（国立民族学博物館の創立者、文化勲章受章）の場合など、世界中を自らの足で踏破してきました。そのうえで、突然、1997年のアジアの通貨危機を当てたりします。どんな論理？　私たちは足元にも及びません。イラクの宗教派閥やクルド人問題など、何十年も前から本に書いておられます。フィールドワークを重ねて、「事実を知っている」という重みのうえで論理を展開しています。

一方、けなすのも申し訳ないですが、それに対する「東大式」というのもあります。一例に東大出版会の『文明の衝突か、共存か』（蓮實重彦、山内昌之編）という本を手にとると、カール・ポパーという哲学者と、『文明の衝突』で有名なサミュエル・ハンチントンの名前を出しつつ、Yさんがおっしゃるには、シンポジウムの企画者の一人として私が発言したのは、「文明の衝突」という考えが現代アメリカ人の抱く優位性の欠如感、とくに白人エリート層の方向喪失感の現れではないかということであった。

だそうです。何となくもっともらしい意見だ、と感心する方々はそれで結構かもしれません。しかし、いったいどんな事実に基づいての「優位性の欠如感」や「方向喪失感」か、どんな前提から演えきされるのか、その後の各地の紛争などの歴史的事実と一致した見解なのか、これでは「論理が浮遊している？」というのが私の感想でした。ごめんなさい。

この種の文章や見解がまかり通っていますから、日本は外国からバカにされかねません。また、根拠薄弱で抽象的な言葉を並べているだけでは、その後の世界情勢の展開を見誤りかねません。つまり日本こそが「方向喪失」に陥ってしまいかねないのです。これで、日本が沈没していく……と心配する人が少なからずいるなら、日本の論理派としてまだ少しは救いがあるでしょうね。

●論理は存在を消してしまう

「実世界は意外に見失いやすい」という例を1つあげましょう。

次の問題をやってみてください。

あなたの実世界的な論理力診断です。見事に正解を出すことができたら、あなたには実世界を見る目がありますよ。

絵の中に描かれたものだけを使って、ローソクを壁にとりつけ、火を灯してくださいな。

正解を発表する前に、この本の編集者さんたちの珍解答からご紹介しましょう。

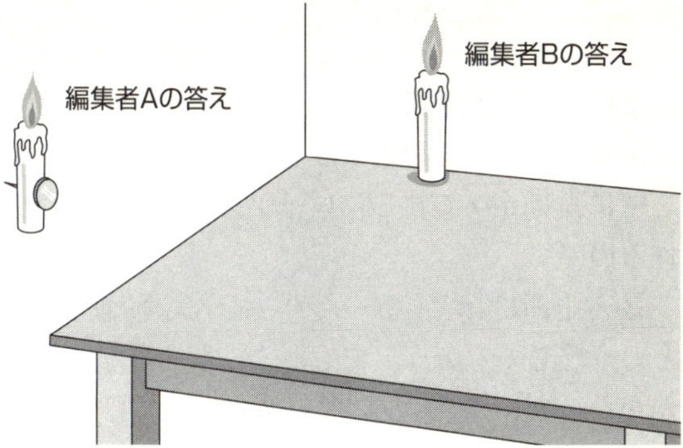

A氏　画ビョウで、ローソクを壁にとめて、火をつける。

逢沢　画ビョウの針は、ローソクの直径より短いんですけどね。壁にまで針が届くのは、無理だと思いますよ。それに、針を刺すとロウが割れるかもしれませんしね。もっと確実な方法がありますよ。

B氏　机の上にローソクを立てて、壁にピッタリくっつける。

逢沢　「壁にとりつける」というのは、そういう意味ではありません。それと、そんなことしたら、壁が燃えてしまいますよ。自分の家でやってください。

では、正解の発表です。

「画ビョウの箱を利用する」というのが正解です。箱を壁に画ビョウで刺し、ローソクを立てるための棚を作るのです。

答えを聞けば、「なーんだ、そんな簡単なことか」という感じでしょう。でも、こんな簡単なことに気づかないのが、「机上の論理」あるいは「言葉」が持つ弱点なんです。

机上の論理に振り回されていると、実世界にあるはずの画ビョウの箱を見逃してしまいます。無意識のうちに、絵の中に描かれているものを「ローソク」「画ビョウ」「マッチ」という言葉に置き換えてしまい、それっきり「画ビョウの箱」は存在していないものとなってしまうのです。

しかし、紙のうえで考えるのでなく、ローソク、画ビョウ、マッチを実際に用意して考えれば、画ビョウの箱が存在しなくなることはありません。考えているうちに、画ビョウの箱を利用することに気がつく人が多いでしょう。

また、「画ビョウの箱は画ビョウを入れるためのもの」という思い込みがあっては、こういう発想は生まれません。『凶器』という松本清張氏の小説（『黒い画集』新潮文庫）では、「固い餅で殴り殺しておいて、餅を煮て柔らかくして食べる」という殺人のトリックがありました。これも「餅は食べるためのもの」という固定観念からは、決して出てこないアイデアです。

こういう発想力こそ、実世界の論理、本当の論理だと思いますし、そしてこのように、**「実世界の論理」こそが京大式ロジカルシンキング**だとお考えください。

日本人に欠けているオリジナルな発想力を身につけるためには、生真面目に紙のうえで考えているだけではダメなのです。論理の袋小路に迷い込んでしまいかねません。実世界に目を向けてこそ、はじめて突破口が見えてきますよ。

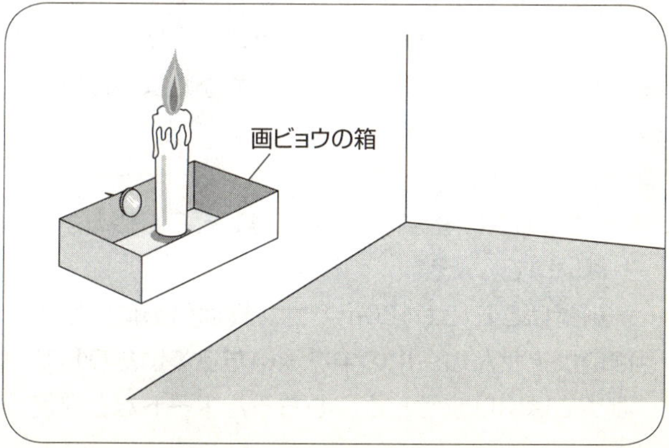

●さらなる発想力

たとえば、ワインのビンを開けようとしたら、コルク栓が途中でちぎれてしまいました。だったら、残りのコルクは、ビンの奥に押し込んでしまいましょう。こういうのが実世界の論理です。

一方、紙の上の解釈として極端なのは、法律の世界です。かつてテレホンカードを偽造した犯人が、地裁で無罪になってしまったことがありました。偽造有価証券の行使罪に問われたものの、その当時、「有価証券は文書として可視性と可読性が必要で、テレホンカードは有価証券といえない」という理由で無罪でした。この件、高裁と最高裁では実世界の論理が優先され、逆転有罪判決が出ました。専門の裁判官でさえ実世界の論理が苦手な人に事欠かないのです。

さて、さらに発想力を試すために、今度は考え方の異なる問題をやってみましょう。あなたは突破口を見つけられるでしょうか？

AからBへ最短経路で行くには、どこに橋をかければいいでしょう。

川幅はどこでも100mです。橋は斜めにかけてはいけませんし、川の中を泳いだり歩いたりして渡ってはいけませんよ。もちろんボートなどを使うのもダメです。

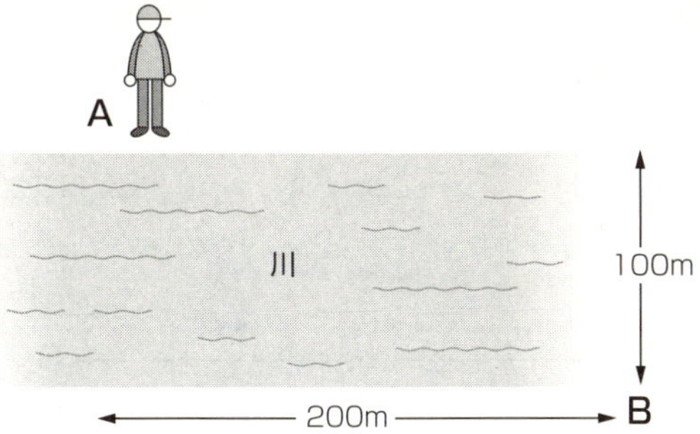

幅の広～い橋をかけるというのが正解です。幅200mの橋をかけて、それを斜めに渡ってくださいね。

橋は細長いものという固定観念を持っていると、解けません。発想の転換が必要だという問題です。ただし、実世界を無視した発想法です。

実世界を重視しながらも、このように常識を破るような斬新な発想――この「両輪」を備えることができたなら、だれにも負けないほどの「論理の達人」になれることでしょう。「実世界」と「常識破り」の両輪が大事ということです。例えば、前章の「気温と刺身」の例は、グラフから読み取ったデータに対して、さらに常識破りを適用しようとした好例でしたよね。

けれども、そんな達人になどなれっこないって心配

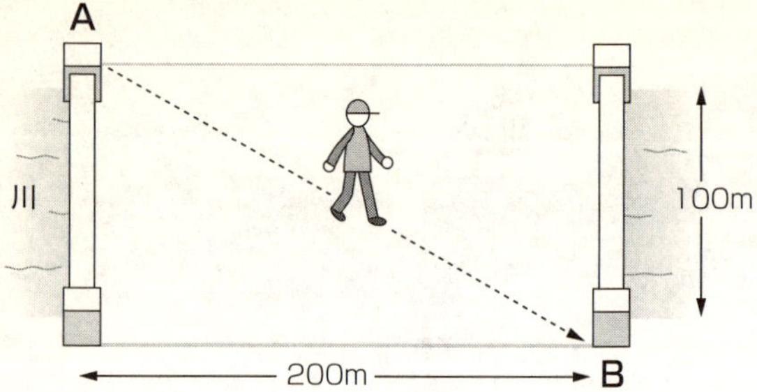

ですか？　いいえ、少しずつ訓練していけばよいのです。何を訓練すべきか、少しわかってきただけでも、進歩じゃありませんか！　次の中級コースで、あなたはきっとすごい自信を持つはずですよ。

ちょっとひと息

❇これは名判決か

この証文によれば、血は一滴も許されていないな——文面にははっきり「1ポンドの肉」とある。よろしい、証文のとおりにするがよい。憎い男の肉を切りとるがよい。ただし、そのさい、クリスト教徒の血を一滴でも流したなら、お前の土地も財産も、ヴェニスの法律にしたがい、国庫に没収する。（シェイクスピア『ヴェニスの商人』福田恆存訳　新潮文庫）

《シマッタ、論理の抜け穴だ。おい、契約書係をクビにしろ！》

❇怠け者

モシェは怠け者だった。その彼がボスのアブラハムのところへ行って、こう言った。

「ああ、1日が25時間あったらなあ」

アブラハムは、モシェが日頃サボッてばかりいるのを、誰よりもよく知っていたので驚いた。

「おまえもようやく心を入れ換えて、一生懸命働く気になったのかい？」

「いや、そしたら、1日に1時間だけ仕事ができるのになあ」（ラビ・M・トケイヤー『ユダヤ・ジョーク集』加瀬英明訳　講談社文庫）

《1日25時間でもメールを読みきれない。何てたくさんくるんだ！》

京大式ロジカルシンキング【中級コース】

3章

最強の京大式アイデア発想術

《ハイパーマップ法》で難問解決！

論理の壁をイメージ力で突破する

●ステップアップの３段階

前章では、実世界の複雑さや、論理の複雑さについて、基礎的なお話をしました。本当の論理力とは、MECEやSo What ?程度ではなく、ましてや国語の問題集レベルでもなさそうだ、と少しはお気づきいただけたでしょうか。これらの「論理の壁」を突破してこそ、いよいよ本物の「京大式ロジカルシンキング」です。

中級コースから上級コースにかけては、これまでになく強力な「京大式ロジカルシンキング」法を本格的に解説します。それらを学ぶことによって、発想力や意思決定力を強化し、また議論にもうんと強くなっていただきます。

以後の構成を少しご説明しておきましょう。「3段階」で論理思考力をステップアップします。その3段階とは、

ロジック（論理）

メソッド（方法）

ストラテジー（戦略）

という３段階です。

ただし難しく考えることはありません。楽しくステップアップするのが、この本の書き方です。

それぞれの方法に対して、私が正式に名づけている名前は学術用語的なので、やさしい名前に変えてみます。

３つのステップについて、まず正式な名前と、それを言い換えた名前をご紹介しておきましょう。何に使うかも簡単に書いておきます。言い換えた名前のほうを覚えてください。

①ロジックエージェント法

いろいろな決断を行う「意思決定」や、「アイデアの発想」などに用います。別名を**「ハイパーマップ法」**とします。

②メソッドブラウジング法

「議論の勝ち方」などに有効な論理思考法です。短い表現としては**「応酬論法」**とします。

③ストラテジックオフェンス法

非常に高度な「論理的必勝法」です。危機一髪の「逆転」などに用います。「戦略」という概念を強調していますので、**「戦略的超思考法」**と呼ぶことにします。

これらは、「ロジックドライブ（論理駆動）」「メソッドドライブ（方法駆動）」「ストラテジードライブ（戦略駆動）」という3つの考え方に基づいています。しかしややこしい言い方はやめましょう。

要するに、皆さんが「論理のドライバー」として免許皆伝になって、A級ライセンス並みの水準に近づいていただこう、という方法をご説明するのです。

このうち本章では、人間が本来持っている強力な力「イメージ力」を使って論理の壁を突破する「ロジックエージェント法」すなわち「ハイパーマップ法」をご紹介します。イメージの大切さについては、2章の「洗濯」について書かれた文章で実感していますね。

●「イメージ力」はすばらしい

まず、人間の持っている「イメージ力」がどんなにすばらしいものであるか、実感していただきましょう。

次ページに、アルファベットのAとBが並んでいます。Bよりも、Aのほうが「左にある」ものは、どれでしょうか？

①、②は問題ないでしょう。AはBの左にあります。⑤もまあ普通は、Aのほうが左だと許すでしょう。残りの③、④、⑥は左にあるとはいえない、というのが

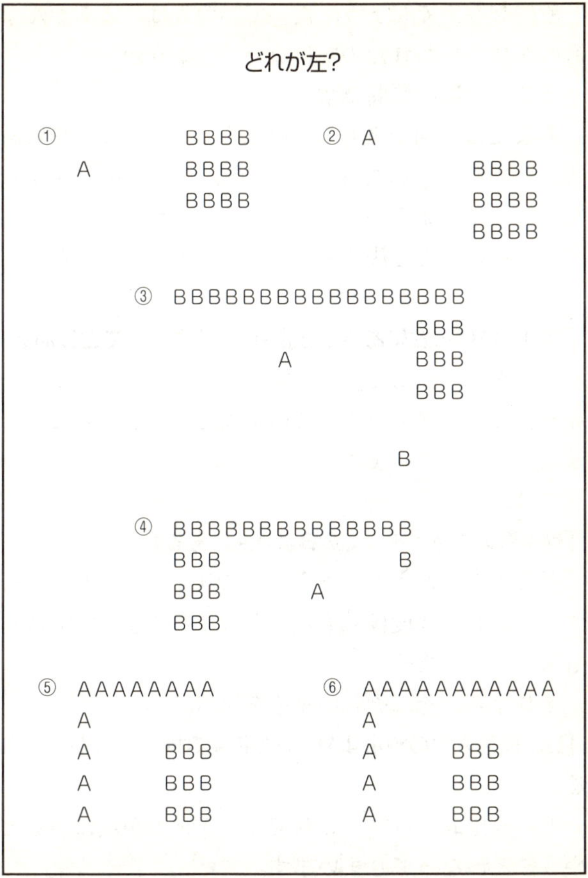

（Rosenfeld、Kak『ディジタル画像処理』近代科学社）

一般的な答えでしょう。たいていの人は、まあそんなものかなと思われたのではないでしょうか。

そこで、次の質問です。

あなたは、何を基準にAのほうがBよりも「左にある」と判断したのですか？　「左にある」を定義すると、どうなりますか？　これは意外に難しい質問です。科学者がきちんと決めるのにだいぶ苦労しました。

例えば、

「Bのいちばん左にある部分よりも、Aがすべて左にある」

これを「左にある」と定義したら？　考えるまでもなく、これはダメです。この定義では⑤が入らないことになってしまいます。

では、

「過半数のAが、すべてのBより左にある」

としたら、どうでしょう？　これなら、⑤も入ります。しかし、今度は⑥も左にあることになって、どうもスッキリしません。

それなら、それぞれの重心を比べて、

「Bの横軸方向の重心より、Aの横軸方向の重心が左にある」

という定義では？　これでは、③までが左にあるということになってしまいます。

実は「左にある」というようなこと、つまり「形の概念」を言葉であらわすことはとても難しいことなのです。コンピュータに何かの図形を認識させようとすると、その難しさが深刻なものになります。

例えば、人間は少々の悪筆でも平気で読むことができます。下図のようなものでも、「A」と読むことができるのです。しかし、これが「A」であることをコンピュータに教えようと思うと、気の遠くなるような複雑なプログラムを組まなければなりません。

これまでも話してきましたが、**「言葉で論理的に説明するのが非常に難しいことでも、人間は簡単に判断できる」**のです。これが、人間が本来持っている「イメージ力」という力によるものだと思われます。皆さんが「論理の壁」を突破するのには、このすばらしい力「イメージ力」が強力な武器になるのです。

●人間が持つ「イメージ力」とは？

以前、テレビのインタビューで、プロ棋士の羽生善治さんがおもしろいことをいっていました。

「何手くらい先まで、読むんですか？」という質問に対して、次のような主旨のことを答えていたのです。

> 「30～40手くらい先を読みます。しかし、順番に読んでいるわけではありません。全体を眺めていると、好きな形、よい形が先に浮かび、それが成立するかどうか、後から確かめるという意味で手を読んでいます」

論理でものを考えるということは、将棋でいうと「順番に手を読む」というのに近いことです。「自分がこう指したら相手はこう、次はこう指して相手はこう……。でも待てよ、相手がこうくるかもしれないから、それならこう……」と考えるのが、順序型の論理思考です。

しかし、いかに天才であったとしても、将棋のような複雑なゲームを論理だけで考えるのは、どう見ても無理です。将棋は、1手先につき平均して100通りくらいの選択肢があり、6手先まで読めば、その組み合わせは1兆通りくらいに爆発します。

この「組み合わせ爆発」を突破するために有効なのが、形を読み取る力、形を想像する力です。つまり、「イメージ力」です。羽生さんは、「イメージ力」を最大限に利用していると思われます。

「イメージ力」は、何も天才だけに備わっているものではありません。前に述べたとおり、いまだにコンピュータにできない犬と猫の見分けを、人間なら３歳の子どもでもできます。これも「イメージ力」のおかげです。人間は、犬や猫の顔を形として捉え、記憶し、さらに必要に応じて、再生することができます。また、１人ひとりの人間の顔の違いなど、言葉ではとても説明できませんが、人間はちゃんと見分けることができます。これも「イメージ力」です。

一般的に、ロジカルシンキング（論理思考）とイメージシンキング（イメージ思考）は区別され、別のものとされるでしょう。しかし、京大式ロジカルシンキングはイメージシンキングも含めます。

「論理思考」と「イメージ思考」の二刀流でいこうというのが、京大式ロジカルシンキングです。

●イメージ力で「ピラミッド」を見てみよう

人間のイメージ力のすばらしさを、実例でお示ししましょう。それは、あなたにも実際に備わっている力なんです。ぜひ試してみてください。

ランダムにたくさんの点を打ったように見える図が２枚あります。それら２枚を横に並べて、間に仕切りを立て、左右それぞれの目で１枚ずつしか見えないようにします。

ジーッと見つめていると、やがて突然、立体的な図形が浮かび上がります。この図は、IT（情報技術）政策でも有名な月尾嘉男さん（東大）が若かりしころに作ったもので、ご本人は「ピラミッド」とおっしゃっています。

このような図形の場合、２枚の図中の点を重ね合わせても、ピッタリと重なるわけではありません。両眼の「視差」に相当する分だけ互いに微妙にずれています。頭で考えても、どの点とどの点が重なるのか、とうてい説明することなどできないでしょう。

しかし、人間の「イメージ力」は、一瞬にして、それらの点を矛盾なく重ね合わせ、しかもその中に「立体図形」を発見します。これはすごい能力です。

もっとランダムに点を打っても、人間はその中に立体図形を見つけることができます。ただ、初心者の方にはこのくらいの図のほうがやさしいでしょう。斜めではなく、必ず真上から見つめるようにしてください。

※間に仕切りを立て、真上から見つめてください。左右の絵がちょうど重なると、立体的な「ピラミッド」が見えます。もし左右がうまく重ならないなら、縮小コピーをしていただくと見やすくなりますよ。

●理屈は後からついてくる

さて、「イメージ力」のほかに、羽生さんは、先ほどの引用でもう１つ興味深いことをいっていました。「よい形が先に浮かび、それが成立するかどうかを後から確かめる」――これも、イメージ思考の大切なポイントだということです。

常識的な論理思考では、「論理が先、結論は後」になります。しかし、イメージ思考では、これがまったく逆、「結論が先、論理が後」です。つまり、「論理からアイデアが生まれる」のではなく、**アイデアがあってこその論理**なのです。

読者の皆さんの中には、ロジカルシンキングから、アイデアが生まれると思っている人がいるかもしれません。しかし、そういうことはむしろ少ないでしょう。アイデアはロジカルシンキングとは別のところから生まれ、そのアイデアが正しいかどうか、後からロジカルシンキングで検証することが多いということです。

では、どんな思考法なら、どんな手段なら、独創的なアイデアを生むことができるのでしょうか。いま述べているように、イメージを利用すること、イメージする力をつけることこそ、独創的なアイデアを生むことにつながると考えています。科学の世界で、イメージが独創的なアイデアを生んだ例がいくつもあります。

日本で初めてノーベル物理学賞を受賞した湯川秀樹さんの場合、原子核内の陽子どうしがキャッチボールをする夢を見て、中間子というアイデアを得たという伝説があります。実はふとんの中で考えごとをしていて、というのが真相らしいですが、先にパッとイメージを得て、後で理論化しました。

海外にもそんな例が多く、ベンゼン環という化学構造を発見したケクレの場合が最も有名です。彼はうたた寝をしているとき、ヘビが自分のシッポをくわえる夢を見て、ベンゼン環を思いついたと自伝に書いています。また、元素の周期律表を提案したメンデレーエフの場合も、夢の中でそのアイデアを思いつきました。

いずれの例も、まったくの偶然では説明できないでしょう。ずば抜けたイメージ力があったからこそ、ふだんから考えていることが1つの形になって夢にあらわれたのではないかと想像されます。

科学の世界では、真理を「証明」した人間よりも、その真理を「発見」した人間のほうが高く評価されることが多いものです。森羅万象の中から新しい真理を発見することのほうが、すでに発見されたものに後から説明を加えることよりも、はるかに難しいからです。「理屈は後からついてくる」と割り切って、まず第1に「発見」することが大事なのが科学の世界です。

楽しくやってアイデアを生む「京大式ハイパーマップ法」

●京大式の発想技法

京大式というと、「京大式カード」や「KJ法」を思い浮かべる人が多いことでしょう。これから述べる「ロジックエージェント法」すなわち「京大式ハイパーマップ法」*も、このKJ法に大きなヒントをもらっています。また、京大式カードのように情報を収集するのも大事な準備段階です。

まず、**「京大式カード」**は、京大を代表する行動派の民族学者、梅棹忠夫さん（国立民族学博物館初代館長、文化勲章受章）が考案した、情報収集と情報整理をスムーズにするためのツールです。Ｂ６判サイズの紙のカードが市販されています。梅棹さんの『知的生産の技術』（岩波新書）に詳しく書かれています。

京大式カードを使った情報収集では、いつでもカードを持ち歩き、発見があったら、カードに書き込みます。ポイントは１つの事柄につき、１枚のカードを使うこと。整理の段階では、50音順に並べ替えたり、分

＊注：「アイデア革命」という人工知能ソフトを使えば、パソコン上で本格的に実践できます。

野別に並べ替えたりと、必要に応じた並べ方をします。並べ替えが容易であるというのが、カードを使うねらいです。

このカードを買ってこなくても、他のカードなどで代用することもできます。システム手帳に入れるカードでも結構です。あるいは、カードなど使わずに、パソコンを使って、「ワープロソフト」などでどんどん入力していくのも便利です。パソコンに蓄積して、それをワープロソフトなどの「検索機能」を使って検索すればいいのです。

要は「情報」や「発見」などを、**どんどん「記録」**

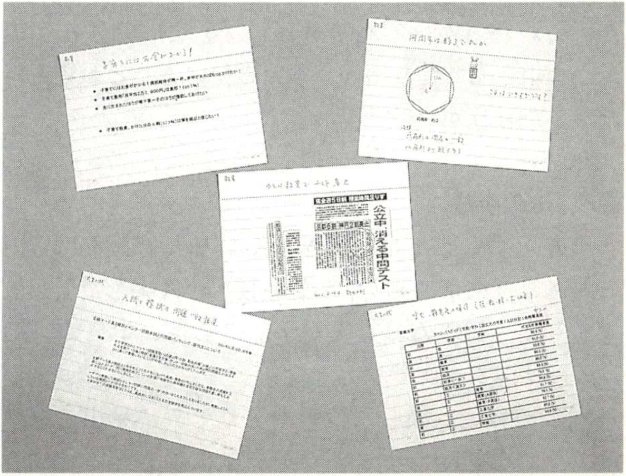

していくのが大事だということです。記録したものを再チェックすることによって、新たな論理の構築や発見などにつながっていきます。

ただ、カードという形態はやや使いにくいです。梅棹さん編の続編である『私の知的生産の技術』(梅棹忠夫編、岩波新書)には、「うまくゆかないという苦情」も書いてあります。その背景には「数が増えすぎる」という問題があります。カードが増えるにつれて、急速に整理不能、検索不能に陥ってしまうわけです。

私は、パソコンや携帯情報機器の使用を強くおすすめしますが、カードで立派な仕事をなし遂げる研究者がいることも付言しておきます。また、検索に使うより、これから述べるハイパーマップ法やKJ法などのデータ用として使うのが、本来の使い方だとお考えいただいたほうがいいと思います。

●KJ法の手順

一方の**「KJ法」**は、梅棹さんの友人である川喜田二郎さん(東京工業大学名誉教授)が考案した発想法です。川喜田さんは京大文学部史学科の卒業で、KJは彼のイニシャルです。

KJ法では、収集した情報やアイデアに見出しをつけ、それを「KJラベル」という紙に書き込みます。

KJラベルは、後で台紙にはりつけやすいよう、裏に糊《のり》がついたラベルですが、紙を小さく切ったものでも、市販の付箋《ふせん》でもかまいません。例えば1.5cm×４cm程度といったサイズから、名刺サイズ程度の紙です。

川喜田さんは、まず約２時間程度の議論によって、数十枚から百数十枚程度のカードを作成することをすすめています。「１行見出し」といって、ごく簡単な情報を大量に作ります。これはヨコ型のMECEに相当する手順です。

１行見出しは、もとの発言の「土の香り」が伝わるような表現が望ましいです。例えば、「飲酒効果の是認」ではなく、「酒は飲むべし」などのように。女性のほうがよい記録者になることがあるそうです。

情報を書き込んだら、次はそれを大きなテーブルなどに、重なりなく並べます。すべてが読める状態に並べるのです。その状態で、各カードの関連性を探し、共通テーマごとに分類していきます。

互いに親近感を覚えるカードどうしをくっつけていくのです。そして、例えば５枚程度をひとまとめにして、また１行見出しをつけてクリップなどで仮止めします。

小さなグループができると、まったく同じ手続きで、中くらいのグループを作っていきます。そして、それ

① どんな会社が倒産するのか?

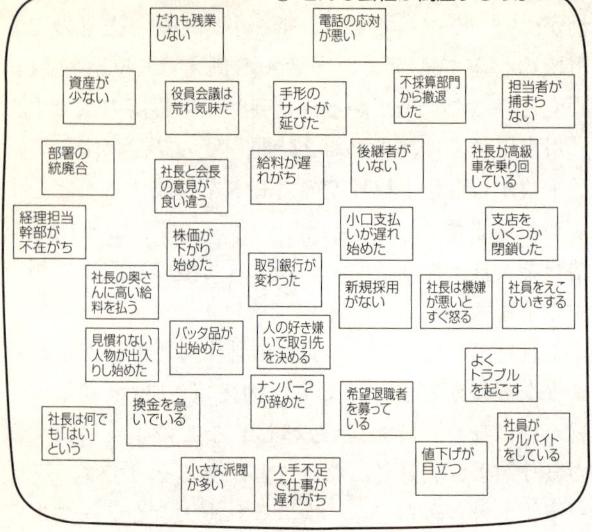
だれも残業しない
電話の応対が悪い
資産が少ない
役員会議は荒れ気味だ
手形のサイトが延びた
不採算部門から撤退した
担当者が捕まらない
部署の統廃合
社長と会長の意見が食い違う
給料が遅れがち
後継者がいない
社長が高級車を乗り回している
経理担当幹部が不在がち
株価が下がり始めた
小口支払いが遅れ始めた
支店をいくつか閉鎖した
取引銀行が変わった
社長の奥さんに高い給料を払う
新規採用がない
社長は機嫌が悪いとすぐ怒る
社員をえこひいきする
見慣れない人物が出入りし始めた
バッタ品が出始めた
人の好き嫌いで取引先を決める
よくトラブルを起こす
ナンバー2が辞めた
希望退職者を募っている
換金を急いでいる
社長は何でも「はい」という
社員がアルバイトをしている
値下げが目立つ
小さな派閥が多い
人手不足で仕事が遅れがち

② 小グループに分ける

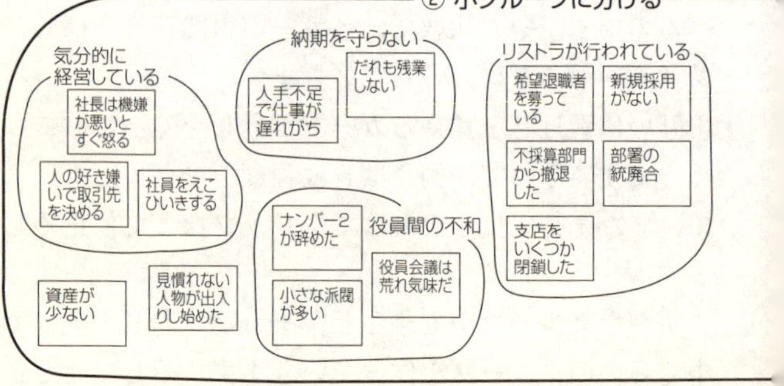
気分的に経営している
社長は機嫌が悪いとすぐ怒る
人の好き嫌いで取引先を決める
社員をえこひいきする
納期を守らない
人手不足で仕事が遅れがち
だれも残業しない
リストラが行われている
希望退職者を募っている
新規採用がない
不採算部門から撤退した
部署の統廃合
支店をいくつか閉鎖した
役員間の不和
ナンバー2が辞めた
役員会議は荒れ気味だ
小さな派閥が多い
資産が少ない
見慣れない人物が出入りし始めた

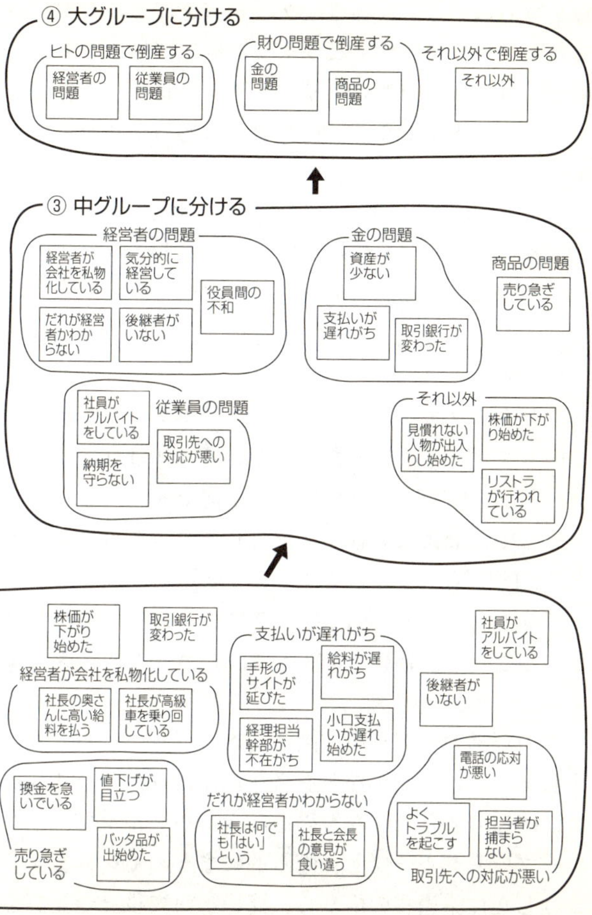
④ 大グループに分ける
ヒトの問題で倒産する
経営者の問題
従業員の問題
財の問題で倒産する
金の問題
商品の問題
それ以外で倒産する
それ以外
③ 中グループに分ける
経営者の問題
経営者が会社を私物化している
気分的に経営している
役員間の不和
だれが経営者かわからない
後継者がいない
金の問題
資産が少ない
支払いが遅れがち
取引銀行が変わった
商品の問題
売り急ぎしている
社員がアルバイトをしている
従業員の問題
納期を守らない
取引先への対応が悪い
それ以外
見慣れない人物が出入りし始めた
株価が下がり始めた
リストラが行われている
株価が下がり始めた
取引銀行が変わった
経営者が会社を私物化している
社長の奥さんに高い給料を払う
社長が高級車を乗り回している
支払いが遅れがち
手形のサイトが延びた
給料が遅れがち
経理担当幹部が不在がち
小口支払いが遅れ始めた
社員がアルバイトをしている
後継者がいない
換金を急いでいる
値下げが目立つ
バッタ品が出始めた
売り急ぎしている
だれが経営者かわからない
社長は何でも「はい」という
社長と会長の意見が食い違う
電話の応対が悪い
よくトラブルを起こす
担当者が捕まらない
取引先への対応が悪い

らをさらに集めて、大きなグループを作るのです。つまり54ページで触れたピラミッド構造型に「グループ編成」を行うタテ型の手続きです。中レベルは青字で、大レベルは赤字でなど、色を変えるとわかりやすいです。

そして、それらを図解します。図解することを「KJ法A型」といいます。グループ編成の段階では、互いの連関を必ずしも発見しきれていませんが、この段階でそれを発見します。そして、図上に空間配置を行います。

これを大グループ、中グループ、小グループと行っていきます。1枚に書ききれないほど多ければ、下位グループを別紙に分けて書けば結構です。

そして、最後にそれを文章化します。このプロセスを「KJ法B型」といいます。B型を先にやってもよいのですが、A、Bの順にやるのがはるかに効率がよいとのことです。B型まで行えば、レポートが完成します。

この経過の一例を模式図（前ページ）に示しておきましょう。アイデアなどを書き込んだラベルをちりばめ、関連のありそうなものを順次に小グループ、中グループ、大グループと、階層的にまとめていきます。こうした作業過程の中から、問題解決に役立つ発想を生み出していくのです。

KJ法については、川喜田さんの著書『発想法』（中公新書）などに詳しい説明があります。また、KJ法本部・川喜田研究所で研修が行われています。その他、いろいろな人たちがその改良形を発表しています。

●右脳的なイメージ思考で組み合わせ爆発を突破する

「京大式ハイパーマップ法」は、KJ法にある部分で似ていて、カードを使って、集めた情報やアイデアから、新しい決断やアイデアを生むための技術です。「意思決定法」や「発想法」の一種といってよいでしょう。コンピュータソフト化されています。

「ハイパーマップ法」における「ハイパー」という言葉は、本来はインターネットの「ハイパーリンク」を意味します。インターネットで情報を自動検索しながら、それらをカードとして視覚化して人間に提示するというソフトです。

なお、その正式名称である「ロジックエージェント法」で、「エージェント」という言葉は「代理人」という意味です。人間のイメージ力を最大限に活用するために、言葉を書いた「カード」が、人間の「論理の代理人」を務めます。「カードが互いに相互作用をし合い、その結論を人間のイメージ力によって読み取

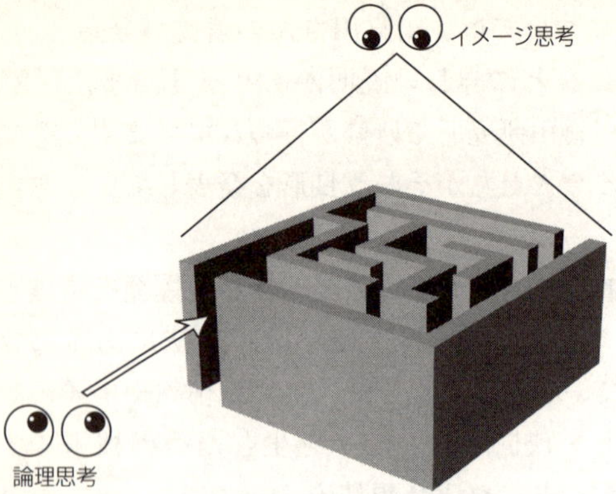

る」というのが基本的アイデアです。

手書きカードで行う場合も、ハイパーマップ法の第1の特長は、集めた情報を視覚的に捉え、イメージ思考しやすい状態を作ることです。KJ法と同様に、集めた情報やアイデアをカードに書き込み、ズラリと並べます。これを使って、情報を視覚的に捉えるのです。

イメージ思考の優れているところは、人間の脳の機能を最大限に発揮させて、情報をいわば並列的に処理する、つまり複数の情報を同時に処理できるところです。あたかも多数の代理人たちを一挙にコントロールしているような状態です。論理思考が左脳的、イメージ思考が右脳的といってもいいでしょうね。

例えば、論理思考とイメージ思考で、迷路をクリアする場合を考えてみてください。論理思考では、スタート地点から始め、行き止まりになったら戻って別の道、行き止まりになったらまた別の道、という試行錯誤を繰り返します。コンピュータでプログラムを書けば、そんなふうにならざるをえません。

これに対し**イメージ思考では、全体を視覚的に、1つの図形として捉えます**。どこがどうつながっているか、どこが行き止まりになっているか、形として一度に捉えています。ですから、スタート地点とゴール地点の2ヵ所から同時にスタートするというような並列処理も可能になります。代理人が2人いるのと同じですね。

順序を追って考える論理思考で全体を見ることができないなら、試行錯誤しかできません。しかし、全体を見渡せるイメージ思考なら、短時間で迷路をクリアできます。迷路のあちこちに多数の代理人を配置して、同時進行的に迷路探索をしているのだとお考えください。論理思考とイメージ思考の違いは、そういうものだということです。

イギリスで1690年に建設された迷路を紹介しておきましょう。ウィリアム三世のために作られた

「ハンプトン・コートの迷路」です。現存します。
それでは建物の中央まで進んでください。

現実の建物でたどり着くには、かなり時間を要するでしょう。しかし、全体を見渡せる場合には、1分もあれば通り抜け可能でしょうね。解答は書くまでもありませんので、お楽しみください。

迷路パズルの場合、目がくらむように、わざと視覚的にややこしくしていることが多いです。それはつまり、人間のイメージ力をなるべく無力化しないことには、すぐに正解を見破られてしまうからにほかなりません。

さて、ハイパーマップ法のもう1つの特長を述べましょう。第2の特長は、「論理を超えた思考ができる」ということです。人間は言葉にして考えると、知らず知らずのうちに、論理や常識にとらわれてしまいます。常識的な枠組みでしか、ものを考えられないようになってしまうのです。

そんな状況に陥るのを防ぐため、ハイパーマップ法では、カードというエージェントたちを、グルグル回すという遊びの要素をとり入れています。視覚や身体感覚を動員して、「全身で決断する、発想する」、あるいは「エージェントたちに代理で考えさせる」という技法です。

グルグル回せば、論理や常識とは無関係に、情報と情報、言葉と言葉が出合います。頭でっかちな考えでは結びつきようもなかったカードどうしが結びつきます。また、情報どうしの「力関係」といったものが見えてきます。そして、それが新しい決断や発想へとつながるのです。

●ハイパーマップ法の考え方

それでは、KJ法との相違を説明しながら、ハイパーマップ法の概要をご紹介しましょう。

ハイパーマップ法では、考えるべき要素を紙に書いて並べます。その点はKJ法と同じです。ただし、使い方が異なりますし、ハイパーマップ法のほうがずっと実行しやすいのです。

例えば、**「カードの枚数」**です。KJ法の場合、通常は100枚程度以上のカードを使用しないと、実用レベルの発想ができないといわれています。川喜田さん自身が、ヒマラヤの調査をしたときは、600枚以上を使って結果を整理しました。ですから使いこなすのがたいへんで、高額の研修を受けるのに100万円以上つぎ込んだ人もいます。

一方、ハイパーマップ法では、カードの枚数がはるかに少なくてすみます。数枚程度でも実用レベルの発想を行えます。ここに大きな相違があります。ハイパーマップ法が非常に優れている点です（もちろんKJ法と同じ使い方もできます）。

なぜそんなに差があるかというと、KJ法はいわば「MECEを行った後」の情報を使うから、枚数が極端に多いのです。一方、ハイパーマップ法は「MECEを行う前」の情報から始めるのです。KJ法が100枚から出発なら、ハイパーマップ法はたった数枚から10枚程度で出発するなどです。

【ハイパーマップ法の実施例】

あなたはA社です。ライバルB社とC社との競争において、「強気」戦略での攻め方を考えてください。

ハイパーマップ法では、最初に用意するカードは、例えば「A」「B」「C」「強気」「弱気」のたった５枚だけです。

図のように、まず「強気」と「弱気」のカードだけを並べます。そして、「A」「B」「C」のカードを、その2枚のカードの近くに好きなように置いてみては、それでよいかを考えます。どんどん置き直してみてください。

KJ法ではしらみつぶしにたくさんのカードを作ります。一方、ハイパーマップ法では、「カードを動かす」という方法で、イメージ力を発揮します。このほうが手間がかからず、しかも人間の能力をフルに発揮できるはずだ、とおわかりいただけるでしょう。

川喜田さんは、KJ法を考察しながら、そのような人間の能力を「データがわれわれに語りかけてくる」と別の形で表現しました。ただ「はなはだ意味深長な基本問題」として、「イメージ力」という概念をとらえきれませんでした。彼は「混沌をして語らしめる」として、超大量のカードと格闘し続けたのです。

しかし、そんな手間のかかることをしなくても、われわれのイメージ力は、カード数が「爆発する前」と「爆発した後」を直接つないでいます。だったら、爆発前の情報を使えばいいではないですか。

つまり、**「カード数が爆発する前」の情報を使う**という考え方が、何といってもキーアイデアなんです。

ハイパーマップ法は人間が扱いやすいです。一方、KJ法はこのような気楽さがなく、たいていの人がギブアップでした。その理由の一端は、番外コースI章で「組み合わせ爆発」という概念で述べています。よければ後でお読みくださると、現代論理学という立場での説明をよくおわかりいただけるのではないでしょうか。

●ハイパーマップ法で決断する

強気か弱気かの決断に、ハイパーマップ法を使ってみましょう。ただ単にA、B、Cのカードを動かして考えてみてください。それが基本です。気楽ですし、非常に視覚的です。

ただし、頭を使わずに動かしてみるだけではいけません。**その配置が「プラス」か「マイナス」か**を、できるだけイメージ力をふくらませて「想像」するのです。「真の配置」か、「偽の配置」かということです。

「志を持つように書け」というのは、KJ法の川喜田二郎氏も指摘しています。小さなカードに書かれている内容はごく少ないものです。それを「想像力で補う」ことがハイパーマップ法でも秘けつです。

例えば、Aを「強気」に、BとCとを「弱気」に配置したときに、あなたの心にはどんな想像が浮かぶで

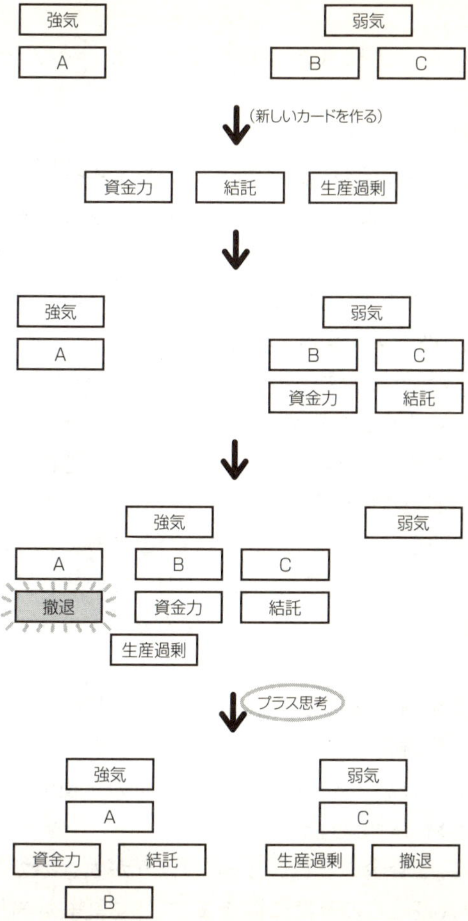
強気
A
弱気
B
C
(新しいカードを作る)
資金力
結託
生産過剰
強気
A
弱気
B
C
資金力
結託
強気
弱気
A
B
C
撤退
資金力
結託
生産過剰
プラス思考
強気
A
資金力
結託
B
弱気
C
生産過剰
撤退

しょうか。
「うーん、２社も相手にするのはたいへんだなぁ……」
などと考えます。
何か「具体的な言葉」はないでしょうか。なぜ「たいへん」と想像したか、その「理由になる言葉」です。それを探し求めます。このステップが非常に重要です。**「イメージ力」と「論理力」の両方を活用して、新しい言葉を生み出す**のです。
「そうだ、〈資金力〉の問題だ……。それから、BとCとが〈結託〉して攻めてきたらどうしよう……。それに彼らも強気に転じたりしたら、〈生産過剰〉なんていうひどい状態になってしまうだろうしなぁ……」
具体的な「言葉」を思いついたところで、それを新しいカードに書いて並べます。例えばいま、「資金力」「結託」「生産過剰」という３枚のカードを作ったとしましょう。
こうすると、問題を設定した時点よりも、状況がもっと複雑化しました。「実世界」にずっと近づいたのです。しかし人間の持つイメージ力を使えば、まだまだ容易に対応可能なはずです。
さて、「資金力」は、B+Cのほうが大きいでしょう。だから、BとCのそばに置きます。「結託」も当然、彼らの側にくっつけるべきでしょう。A社にとっては、何だか不利な状況になってきました。

そして「生産過剰」というカードが残っています。

「このカード、どうやったら使えるんだろ？」

何とか置き方を考えます。ほかのカードを動かしてもかまいません。カードをどんどん動かして考えるのが、ハイパーマップ法ですから。

やがて思いつくのは、「B」と「C」、それに「資金力」と「結託」をくっつけた「グループ」を、「強気」の側に動かすことです。

A、B、Cのすべてが「強気」側に移りました。そこへ「生産過剰」を置きます。

「たいへんだ、これでは業界全体がひっくり返るし、うちが負ける！」

そして、そこまで並べたところで、新しい言葉を思いつきました。「撤退」です！　その言葉を自社にくっつけて……。

●ハイパーマップ法はプラス思考

これで終わってしまっては、ハイパーマップ法ではありません。この“絶体絶命の危機”から、何とか「プラス思考」しようというのが真のハイパーマップ法というわけです。

危機だからといって、決して落ち込まないでください。映画かドラマを見るように、楽しむ姿勢が重要です。まるでその主人公になったように、あるいは“出演者”であるエージェントたちを動かす映画監督のようにです。この危機を自分のアイデア力で乗り切るんだから、楽しいではありませんか。

並んだカードをしっかりと眺め直します。そして並べ直していきます。

どうやったらいいでしょうか。この場合、「自分のほしい言葉」を、自分の側にくっつけていくのが基本方針です。

「強気」に「A」を置きます。それに「資金力」と「結託」をくっつけます。その瞬間、あなたはパッと思いつきました。

「そうだ！　B社と提携しよう！」

あなたは、自分の側のグループに、「B」のカードもくっつけたのです。

残ったカード「生産過剰」を「C」にくっつけます。そして「撤退」もつけます。そのカードを「弱気」側に追いやったら……。

「これで解決だね」

シビアな結論ですが、あなたの会社であるA社が「強気」戦略をとるための解が1つ見つかりました。

あなたの会社は、B社と提携します。そして両社が一緒に強気戦略で攻めるのです。そうすれば、対抗企業はC社だけになるので、資金力でも圧倒することができます。

もしもC社も強気戦略で攻めて、業界全体が生産過剰状態に陥ったとしたら、撤退しなければならないのはC社でしょう。それによって、生産過剰状態が解消します。二強体制の確立です。結局、C社のシェアを奪ってしまって、B社と共存共栄しようというのです。

ちょっと生臭い例でしたが、このくらい実用的な例題でないと、ビジネス分野における論理思考の意味がないでしょうね。

最初にわざわざピンチの状況を作ったのは、説明の都合上です。通常は試行錯誤を重ねますので、楽観的な状況のほうが先に出てくることもあります。

ただ、「問題点をできるだけ洗い出す」という姿勢が非常に重要です。カードを動かして、あなたの想像力をフルに動員するのです。だから、積極的にピンチの状況を作り出したほうがいいのです。

そして、**必ずプラスの解がある**と強く信じることです。うまくいった「幸せな状態」を強く心に描きましょう。それに向かって、すべてのカードのつじつまが合うように、何とか並べ替えていくのです。
やがてある瞬間に、あなたの「イメージ力」が、すべてを解決する「最高の解」を見つけてくれることでしょう。それが「必ずある」と信じてください。
もし理想的な解が見つからないなら、それはまだ「切り札」となるカードを見つけていないからかもしれません。すでに存在するカードのいろいろな組み合わせから、何か新しい言葉が出てこないかを考え続けるようにしましょう。
また、この例題でさえ、ここで終了したわけではありません。例えば、「独占禁止法」などという言葉が、あなたの頭にふと浮かんだりすることでしょう。
「いやぁ、3社ともこの街でローカルに営業しているだけだしな」などと推論は進んでいくわけです。そして、問題点をどんどん解決していってください。カードを使わなかったときより、はるかにスムーズにロジカルシンキングが進むことに気づかれるでしょう。

●ハイパーマップ法の効果は大きい

ここで示したのは、「企業戦略」におけるごく小さな一例でした。一種の「決断」あるいは「意思決定」の問題だったといっていいでしょう。その簡単な概要をご紹介したのです。

このような例だけでなく、**どんな問題にでも適用することができます**。いろいろ試してみて、ハイパーマップ法の使い方を発見していってください。

例えば、「わが家で犬を飼いたい」としましょう。いったいどんなカードを並べますか？

- どんな犬にしようか？
- どこのペットショップで買おうか？
- 本か何かで下調べしようか？
- 犬を飼うメリットとデメリットは？

お好みでいろいろ考えてみてください。ごく小さなカードを並べていくだけで、どんどん言葉が生まれてくるでしょう。あなたはかつてないほど、自分の論理的な判断力が向上していくのを実感するのではないでしょうか。

その１つの理由は、カードを並べたテーブル上が、あなたにとって実世界と同様の「小宇宙」に変貌してしまうからです。そして、あなたは小さなエージェントたちを上から眺め、最高のイメージ力を発揮できるからです。

「こんなにも素早く、いろんなことを発想できるものなのか！」

そう感嘆されたとしたら、あなたはすでに京大式ハイパーマップ法の効果を実感し始めたということです。その効果のほどは、やってみるだけでわかります。簡単だけれど、あまりにも効果が大きいということです。

どんな問題にだって使うことができます。何かを発明しようとか、提案書を作ろうとか、非常に多くの問題に対してです。

小説のストーリーを作るなどの「創作的な仕事」には特に向いています。登場人物であるエージェントたちを並べ、性格設定や境遇などをくっつけ、場所のカードなどの間を動かすだけで、ストーリーが自然に頭の中に思い浮かんでくることでしょう。

音楽の作詞などにも適しています。言葉を並べ、その言葉からイメージされる言葉を、また心を込めて想像します。その繰り返しで生まれたフレーズの断片が、やがてすばらしい詩へと結晶化することでしょう。

その他、デートコースを決める、新事業を考える、忙しい日程の調整など、何だってかまいません。どんどん使ってみてください。

私の場合、1990年以後の「バブル崩壊」と「失われた10年」を当てました。また、その後に「ネットワーク時代」が来ること、「ネットバブル」が2000年に崩壊することも当てました。2000年代については、「ユビキタス・コンピューティング（どこでもコンピュータ）」に注目していますが、はたしてどうなるのでしょうね。なお、6章もこの技法の続きですよ。

●ハイパーマップ法のまとめ

以上がハイパーマップ法の概要ですが、復習のために、いま一度まとめておきましょう。詳細の一部を補足しておきます。なお、正式名称は「ロジックエージェント法」です。

①使用するのは、KJ法と同じような、「小さなカード」あるいは「紙切れ」です。最後に結果をまとめて図示するために「白紙」も用意したほうがいいでしょう。

②比較的少ない枚数のカードから出発します。考えるために必要最小限の枚数のカードに、ひと目で意味が把握できる程度の内容を書き込みます。それを机の上や、紙の上に並べます。

③そしてカードを動かし始めます。イメージ力を発揮して、それが「真の配置」であるかを考え続けます。以後、カードの動きを楽しむように実施してください。

④動かしながら、配置をよく見て、新しい「言葉」を

発明します。想像力を最大限に発揮することが重要です。「問題点をすべて洗い出す」という姿勢で臨んでください。望ましい配置も積極的に作り出しましょう。もしうまく想像できないなら、何かカードが足りないのかもしれません。それも考えるようにしてください。

⑤言葉がほぼ出つくしたと思ったところで、「プラス思考」の過程に移ります。できるだけよい配置、できるだけ生産的な配置、あるいは自分にとって望ましい配置を作り出していきます。望ましくない言葉のカードも、つじつまが合うように配置することが大切です。この過程で、また新しい言葉が生み出されることがあります。また、死滅して捨てるべきカードも発生します。

⑥テーマが複雑な場合には、KJ法と同様にグループは階層的になってきます。いかにシンプルで見通しのよいものにするかを重視しながら、グループをまとめていってください。

⑦なお、同じカードをコピーして、複数枚作る必要が生じることがあります。コピーのカードには、コピーである印を入れて書いてください。

●ハイパーマップ法とKJ法の比較

すでに述べましたように、ハイパーマップ法は、KJ法よりも非常に扱いやすい発想技法です。また、意思決定のためにも用いることができます。その他たくさんの利点があります。

ハイパーマップ法の利点

①扱いやすい
②意思決定にも使える
③人間のイメージ力を最大限に活用する
④組み合わせ爆発を避ける
⑤楽しく実施できる
⑥習熟しやすい
⑦考え始めた瞬間から、すぐに実施できる
⑧1人でも行える
⑨プラス思考である
⑩結果に到達する時間がはるかに短い
⑪狭い場所で実施できる
⑫動的な方法である
⑬シミュレーションによる深い思考に適している
⑭コンピュータ利用に適している

そのほかにもいろいろあるでしょう。人間のイメージ力と、現代論理学の本質とを見すえることによって、KJ法を衣替えさせた新時代の思考法であるということです。あるいは、KJ法の親戚というよりは、まったくの別物と考えてよいかと思います。

KJ法の欠点には、カードの作成に、長い時間を要することがあります。通常は後述する「ブレーンストーミング法」で作成します。複数の参加者が必要で、しかも記録係を必要とします。1人でやるとたいへんです。ブレーンストーミングの後にKJ法を行うというところが、KJ法の最大の欠点の1つかと思います。

一方、ハイパーマップ法では、カードの追加は、それ以前のカードを見ながら行っていきます。ブレーンストーミングが不要ですので、二度手間になりません。しかも、カードを見ながらですから、論理の抜け落ちがずっと少なくなる、という大きな利点があります。

また、別の視点から比較しますと、ハイパーマップ法は「動的な方法」だという特徴があります。カードをどんどん動かすのです。一方、KJ法をやってみるとおわかりになると思いますが、こちらは「静的な方法」です。全体をピラミッド構造に“固めて”しまう技法だという問題点があります。

ハイパーマップ法の場合、机上でシミュレーション（模擬実験）を十分につくします。その点で、状況の先読みなど、非常に深い思考を行うことができます。単なるデータの整理のレベルに近いKJ法と異なる点です。

その他、コンピュータで実施するには、KJ法はカードの数が多すぎて、コンピュータ画面に表示しきれない、という欠点などを持っています。この点を改善しないことには、"紙と鉛筆の技法"を抜け出せません。ハイパーマップ法には、こんな欠点がありませんので、コンピュータ上でも非常に実施しやすいのです。

●楽しくやれば効果が上がる

ニュートンのリンゴの逸話のように、独創的なアイデアというものは、一見、無関係な出来事が刺激になってひらめくことが多いものです。グルグル回しているうちに、さまざまな情報、言葉が目から入ってきて脳を刺激します。偶然のひらめきを、意図的に起こそうとするのが、このハイパーマップ法のねらいだというわけです。

ハイパーマップ法には、「楽しく」考えてほしいという願いを込めました。カードを並べていて、たとえピンチの状態に陥ったとしても、それをエージェントたちのドラマのように楽しむ「心のゆとり」がすばらしい解へと導いてくれるでしょう。

脳というのは、深刻な精神状態では決してうまく機能しません。眉間にシワを寄せて、机にしがみついていても、なかなかよいアイデアは生まれないものです。落ち込んでいるときには、何をやってもミスが多いし、穴埋めしようとした行動が裏目裏目に出る……、こんな経験はだれにでもあるでしょう。

何でもそうですが、**「楽しくやること」はものごとを成功に導くための鉄則**です。仕事でも、勉強でも、スポーツでも、イヤイヤやっていたのでは、効率が上がりませんし、長続きもしません。

「クイズに正解できた」「ややこしい問題が解けた」そんなときに、パッと心が明るくなって、笑いが込み上げてきた経験があるでしょう。そして、その気持ちをまた味わいたいがために、さらに努力をします。楽しさは、独創を作り出すための原動力なんです。そして、独創を重んじる京大式ロジカルシンキングに、楽しさは欠かせないと考えています。

この章では、ハイパーマップ法の最も初歩の入門を述べました。重要なのは、あなたのイメージ力の活用です。そして、十分に使いこなすためには、この後の章に出てくるさまざまな考え方もマスターしていただくのがよいと思います。

ともかくも、いつでも楽しく考えることを、この技法を使うとき以外にも忘れないでください。それをあなたのロジカルシンキング法とし、そしてあなたの生き方とするようにしていってください。

ハイパーマップ法のヒントは、後の6章でもいろいろ述べさせていただきます。また、「アイデア革命」という人工知能ソフトをオンラインで提供していますので、興味のある方はインターネットでお探しください。このソフトは、核となる少数枚のカードから、関連アイデアを自動的に提案してくれるという優れものです。本格的な使い方は、拙著『結果が出る発想法』（PHP新書）でご紹介しています。

その他の発想技法

なお、参考のために、その他の有名な発想法について、少し解説を加えておきましょう。発想型の論理思考の技法として、ハイパーマップ法と比較していただくとよいでしょう。

いくつかを見比べてみて、ご自分が気に入られた方法を使われることをおすすめします。ハイパーマップ法は京大式ですが、海外の方法に比べても、使い勝手がよくて、非常に優れた方法ではないかと思います。

●水平思考

エドワード・デボノの『水平思考の世界——電算機時代の創造的思考法』（白井實訳、講談社、1969年）は、わが国でも伝説的なベストセラーとなりました。ですから、第1にご紹介しておきましょう。ただし、現在では手に入らないようです。

このデボノの本では、「ならば」型の垂直思考ではなく、ヨコ型の水平思考こそが、発想法として重要だと力説しています。

ヨコ型ですが、MECEのように、ただ単に項目を羅列するような方法ではありません。異質なものどうしから、新しい何かを発想しようという技法です。

しかしながら、具体的な技法の体系化を行っていないのが非常に残念なところです。過去の発明・発見話と、抽象論に終始しているのが、この本の大きな欠点だといえるでしょう。一種のアフォリズム（金言）を集めたような書です。

ただ、唯一「視覚的訓練」については詳しく述べています。図形分割という問題が主です。要するに、本書でいう「イメージ力」を強化させたかったようです。

水平思考に類似した発想法は、デボノ以前にも珍しいものではありませんでした。彼がおそらく参考にしたのは、「弁証法」でしょう。

「弁証法」という論理思考法は、「正」と「反」という２つの対立命題から、新たに「合」という高いレベルの命題を創り出します（「止揚する」といいます）。ギリシャの時代からありました。当初は対話術だったので、この名がつきました。運動的でまさに創造型の論理思考法の元祖的な存在です。

また、いわゆる発明の原理として、「既存の要素の新しい組み合わせ」が重要だ、とさまざまな人がいい続けてきました。デボノの水平思考法は、これとも軌を一にする考え方です。

もしこの本を図書館などで目にされたとしたら、本章で述べたハイパーマップ法を前提としてお読みになってみてください。そうすれば、デボノが目指していた技法は、ハイパーマップ法そのものだったのではないか、と思っていただけることでしょう。

「ハイパーマップ法になりそこねた発想技法」が、水平思考法だと思います。デボノ自身は、論理にもコンピュータにも通暁しておらず、ビジネスコンサルタントという立場だったので、それもムリはないでしょうが。

なお、創造性の原理を、「既存の要素の新しい組み合わせ」だとしたのは、経済学者シュンペーターの技術革新論からだともいわれ、20世紀前半（1911年）に「新結合」としてすでに論じています。あるいは、ひょっとしたらもっとさかのぼれるかもしれません。ヴァン・ファンジェの『創造性の開発』（岩波書店）や、ジェームズ・ヤングの『アイデアのつくり方』（阪急コミュニケーションズ）など、シュンペーターを引用さえしない本がたくさん作られました。

●オズボーンのチェックリスト

初心者向けの発想法ツールです。ハイパーマップ法は、自由度が高く、発想法として万能です。ただ、自由度が高いがために、初心者にとっては少し習熟を要

1. Put to other uses?
他の用途に使えないか?
キッチンで使うものをオフィスで使えないか?
アウトドア用の素材をインドアで使えないか?

2. Adapt?
真似できないか?
外国の流行を日本に輸入したら?　馬具の頑丈なつくりを真似てバッグを作ったら?

3. Modify?
少し変えたら他に使えないか?
パソコンの色を変えてみたら?
折りたたみ傘をさらに折りたたんだら?

4. Magnify?
大きくしてみたら?
お菓子やジュースを大きくしたら?　携帯電話を大きくしたら?

5. Minify?
小さくしてみたら?
洗剤をタブレットにしてみたら?　クルマを1人乗りにしたら?

6. Substitute?
何かを代用できないか?
豆腐を挽肉の代用にできないか?
かまぼこをカニの代用にできないか?

7. Rearrange?
アレンジを変えたら?
冷蔵庫に引き出しをつけたら?　ヨコ置きのものをタテに置いてみたら?

8. Reverse?
逆にしてみたら?
飲みにくい飲み物を作ってみたら?(シェーク)
フィルムにレンズをつけたら?(写ルンです)

9. Combine?
組み合わせてみたら?
FAXとコピー機を組み合わせたら?　カメラと電話を組み合わせたら?

し、中級コースから使用すべきものと思います。

それに対して、アレックス・オズボーンが考案した「オズボーンのチェックリスト」は、初心者が手軽に試してみることができる発想技法です。

オズボーンはアメリカの広告会社、BBDO社の創業者で、次項の「ブレーンストーミング」の生みの親としても知られています。彼の考案したチェックリスト法は、初心者でも簡単に使いこなせるため、ビジネスの世界を中心に広く使われています。

使い方は簡単です。商品、素材、出来事など、何でも気になるものをリストの各項目でチェックするだけです。自然に常識的な視点を捨てることができ、1つのものをさまざまな角度から眺めることができます。

●ブレーンストーミング

「ブレーンストーミング」は、自由に話し合うことにより、お互いの頭脳を刺激し合い、新しい発想を生み出そうという技法です。これもオズボーンさんの考案したもので、次のようなルールが決められています。

①出されたアイデアについてよしあしの批判をしない
②アイデアは自由奔放であるほどよい

③できるだけ多くのアイデアを出す
④他人のアイデアを改良したり、２つのアイデアを組み合わせたりすることも考える

「批判をしない」「自由奔放」というのは、「異質なものを受け入れる」「独創を重んじる」という京大の学風とよく似ています。架空のブレーンストーミングをやるとこうなる、という例を見ていただきましょう〔W.J.J.ゴードン著、大鹿譲、金野正訳『シネクティクス』（ラティス刊）を参考にしました〕。

A　夏涼しくて、冬暖かい家。屋根の材質でそんな家は作れないだろうか？
B　うん。太陽の熱をいちばん受けるのは屋根だから、うまくやればずいぶん室内の温度を変えることができるよ。
C　普通に考えれば、断熱効果を上げて室内の温度の変化を少なくすればいいよね。
A　もっと積極的に、太陽の熱を利用するようなものはできないかな？
C　春と秋、年に２回、屋根の色を塗り替えるというのはどうだい？　夏場は白、冬場は黒というふうにさ。

A　カメレオンのように、色が自然に変わればいいね。
D　日差しの強さによって色が変わるサングラスがあるんだから、屋根の色だって変えられるだろう。
B　カメレオンは、どうして色を変えられるんだい？
A　色素の分布を操ることができるんだと思う。
C　じゃ、カメレオンと同じ色素を屋根の塗料に使えばいいじゃないの？
A　まあ、そんな簡単にはいかないだろうけど、みんなで屋根の色を変える方法を考えてみようよ。

会議などでアイデアを出し合うときは、相手のいうことをどんどん受け入れていく姿勢が大切です。相手の論理の飛躍を指摘し合うような環境からは、新しいものは生まれません。批判を恐れて、無難な意見をいうような話し合いはお役人に任せておけばいいのです。「異質なものを受け入れ」「楽しく」考える、京大式の精神を忘れないでください。

なお、近年は「マインドマップ」という発想支援ソフトがイギリスから入ってきています。アイデアを考えるという作業を、だんだんコンピュータ上で行うようになってきています。フリーソフトもありますので、興味があれば試してみるとよいでしょう。

ちょっとひと息

✼コーヒーをただで飲む法

年収480万のサラリーマン。月給30万、ボーナス1回60万。12ヵ月で割り、さらに25日で割り、さらに8時間で割る。すると1時間2000円。コーヒー代300円を得するためには9分仕事をサボればいい。よって、勤務時間中に地下の喫茶店で大急ぎでコーヒーを飲んで帰ってくれば、たぶんただのコーヒーを飲んだことになるはず。(阿刀田高『詭弁の話術』より要約)

《アイツ、コーヒーでも消費してくれると、まだ日本経済に貢献するんだが》

✼わかったような、わからんような

美しい『花』がある。『花』の美しさという様なものはない。(小林秀雄『当麻』)

《ややこしい評論家がいる。評論家のややこしさも……ある》

✼遠回しにいわないでくれ

私は中学生のとき漢文の試験に「日本に多きは人なり。日本に少なきもまた人なり」という文章の解釈を出されて癪にさわったことがあったが、こんな気のきいたような軽口みたいなことを言ってムダな苦労をさせなくっても、日本に人は多いが、本当の人物は少ない、とハッキリ言えばいいじゃないか。(坂口安吾『教祖の文学』)

《国立国語問題作成委員会――え、委員が1人も決まらない?》

京大式ロジカルシンキング【中級コース】

4章

論争術のスーパー10ヵ条

あーいえば、こーいう《応酬論法》で難局打開

メソッドブラウジング法とは

●応酬論法で議論を有利に運ぶ

この章では、「メソッドドライブ（方法駆動）」によって、議論を有利に運ぶ方法をご説明しましょう。バリバリの実用編で、議論に強くなる章です。

「あーいえば、こーいう」という議論の応酬をパターン化したものを「方法の集合」とみなします。たくさんの「方法」を、頭の中でブラウズ（探索）しながら、相手の議論に論理的に対処しようという技法です。

「ブラウズ」という言葉は、ワールド・ワイド・ウェブ（WWW）を閲覧するインターネット・ブラウザでご存じでしょう。「閲覧」と訳しますが、本来の意味は「拾い読みする」というものです。

また、ブラウズという言葉は、コンピュータ分野では、「情報検索システム」でもっと古くから使われてきました。

情報を「検索」することを「サーチ」といいます。サーチ機能では、ほしい単語（キーワード）を利用者が入力したとき、それとピタリと一致するものだけを表示します。

それに対して、「ブラウズ」という言葉は、「その単語の前後も表示する」という意味で使われてきました。「前後」も表示するので、「拾い読み」という語感がよく当てはまります。

議論をする場合、必ずしもぴったりした反論法が見つかるとは限らないものです。「応用力」が必要になります。その点を強調するために、方法のサーチではなく、ブラウズという言葉を用いています。

なお、「メソッドブラウジング」では言葉が難しいかもしれないので、ごくごく短い呼び名も用意しました。「応酬論法」なら覚えていただきやすいかと思います。メソッドのそれぞれを、場面場面で選ぶ方法だとみなします。「相手の出方がこうだったら、この方法を使おう」というイメージです。

この章では、例として10の方法あるいは秘けつをあげていますが、本書をお読みになった方は、この要領でご自分で秘けつをどんどん大きくしていってください。すると、ますます議論の見晴らしがよくなってきますから。

また、実際の議論の場では、たえず頭の中でその秘けつ集をめくる習慣をつけましょう。使うべき応酬法さえ見つけられれば、議論を有利に展開することができるはずです。

議論が下手だという人たちは、全部が全部といってよいほど、反論や突っ込みの「パターン」を知らない人たちです。パターンを知り、自分が使いこなせるパターンを増やしていきさえすれば、必ず議論上手になっていくことでしょう。

ちなみに付け加えておきますと、京都学派の１つの黄金時代を築いた人は、桑原武夫さんでした。

彼が導入したのは、「共同研究」という方式でした。たくさんの仲間たちを集め、その間で徹底的に議論することによって、独創的な研究を進めました。そのような活発な研究は、京大の人文科学研究所などで花開きました。

議論といっても、他人を論破すればよいわけではありません。互いの意見を戦わせた結果、より高いアイデアに到達するという立場を大切にしなければなりません。ブレーンストーミング法でも、その点を重視していましたね。

京大式でも同様です。それができてこそ京大式、というつもりで、議論に習熟するようになってください。それでは、大別して10のケースについて考えていくことにしましょう。「絶体絶命」の状況を積極的にとり上げましたので、どうぞお楽しみください。

1 道理が通らない相手への対処法いろいろ

「議論に強くなりたい、説得力のある話し方ができるようになりたい、そしてそのためには論理が必要である」——読者の皆さんの中には、そう思ってこの本を手にとった方が多いことでしょう。

論理が力を発揮するのは、相手が論理に理解を示してくれる場合だけです。ところが、とても困ったことに、相手が論理を理解できなかったり、論理を無視して話してくる場合、論理は決して通用しません。「無理が通れば道理が引っ込む」のたとえどおり、道理のほうが負けてしまうことが珍しくありません。基本的には、道理のわかる相手と対戦したいものです。

ただし、道理が引っ込む相手も何とかしないといけませんね。最初の方法では、頭の準備体操として、この困り者の相手への対処法をまず述べておきましょう。

事例1 ジャイアン

例えば、国民的人気コミック『ドラえもん』の中では、ジャイアンが道理の通らないいじめっ子として登場します。「のび太のクセに」と理不尽な理由でのび太をいじめたり、「オレのものはオレのもの、のび太のものはオレのもの」と、のび太のものをとり上げてしまったり……。

次にあげた話も、無理が通って道理が引っ込むというものです。あなたなら、ジャイアンをどうやって説得しますか？

のび太が50円と100円のアイスを持っています。ジャイアンは50円払って、50円のアイスをもらいますが、やはり100円のアイスがほしくなってしまいます。そこで、

「初めに50円払ったな。で、いま、50円のアイスを返す。これで100円だな。だから、100円のアイスをよこせ」

のび太は、首をひねりながらも、つい納得して100円のアイスを渡します。

この話を聞いたドラえもんは、もう少しコスッ辛くならなきゃダメだといって、のび太に『ギシンアンキ』という薬を飲ませます。のび太は、ジャイアンのところへ行き、

「君からもらったのは50円玉１個だ。こっちが渡したのは50円と100円のアイスだ。渡したのが合計150円分、もらったお金が50円。差し引き100

円よこせ」
　それを聞いたジャイアンは頭にきて、のび太を殴りつけます。

論理が通じない相手と議論したときの、架空の例でした。「無学ほど強いものはない」といいますが、論理力よりも腕力のほうが勝っている相手はとてもやっかいです。

もしもジャイアンが、ある程度でも論理を理解してくれるとしたら……。のび太は次のような説明を試みるとよいかもしれません。

＊［論理的な考え方］ゼロポイントにもどろう

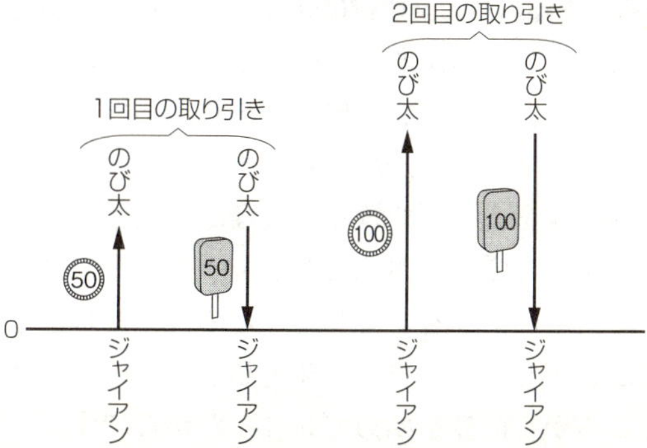

「いいかい、ジャイアン、最初から順番にいくよ。ジャイアンは50円払った。だから、僕はジャイアンに50円のアイスをあげた。これで僕とジャイアンの間は貸し借りゼロだ。ここまではいいよね。
だから、100円のアイスをまたほしいなら、また100円をもらわないといけないんだよ。君が50円のアイスを返したとしても、あと50円足りないんだ」

このように、噛《か》んで含めるように説明しないといけません。道理がわからない人を相手にするときには、**噛んで含めるように説明せよ**が基本です。決して腹を立てないこと。
また貸し借りでは、**ゼロポイントを基準にし、現在どの状態にあるのか毎回明確にせよ**という考え方が大切です。ゼロポイントがあいまいになったり、途中で動いてしまうと、現在の貸し借りをきちんと捉えることができなくなり、混乱が起こります。
論理的な考え方ができない人は、現在どの状態にあるかを明確に覚えておくことが苦手なようです。ジャイアンが変な計算をしてしまったのも、ゼロポイントを動かしてしまい、自分が50円払ったという、間違ったところから計算を始めてしまったからです。

＊[ジャイアンの考え方]

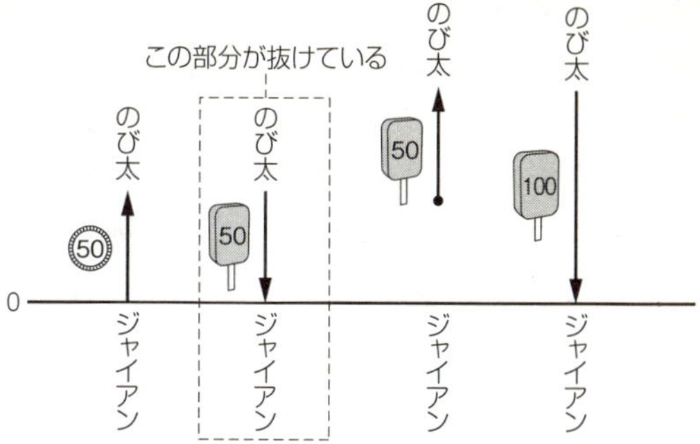

たとえばコンピュータの場合、「論理」と「記憶」が二大要素だとされています。正しい計算をするためには、現在がどの状態にあるかをきちんと記憶することが必須です。もちろん、コンピュータならずとも、皆さんは常識的にそうだと思われるでしょう。

ところが、道理の通らない相手は、それまで何を議論していたかをしばしば忘れてしまいます。ときどき噛んで含めるように説明して、いまどこのポイントにいるのかを再確認することがコツですね。

事例2 心を病んだ人

さて、ジャイアンのように、道理が通じない人でも、その人なりの道理を持っているものです。ですから、

「相手の道理」なるものを推測して、説得を試みるのも議論巧者の方法です。
しかし、非常に説得しにくい相手もいます。私のところには、いろいろな人が訪ねてこられますが、突然やってきて、こんなことを頼んだ若者がいました。
「だれか悪者が、僕の頭の中に受信機をしかけて、いつも変な言葉を送ってくるんです。それに悩まされています。何とかその受信機を見つけて、手術でとり除いてください」
「頭の中に？」
「はい。それから、おなかにもしかけています」
ある種の典型的な症例かなと思いました。健康な人には信じられないような訴えです。
「病院へ行きましたか？」
「はい」
といって、町の医院からの紹介状を差し出しました。ある精神病院宛ですが、すでにクシャクシャになっています。
「この病院へ行きました？」
「いいえ。京大でコンピュータの先生のところへ行かないと、直してもらえないと思いました」
さて、こういうときには、どういったらいいんでしょう？　普通の道理など通じそうにありません。

「……そうだねえ、最近、いい薬ができたの知ってる？」

「薬？　そんなのあるんですか。でも、手術でとっていただきたくって——」

「手術よりずっと簡単なんだ。受信機は〈電池〉で動いてるだろ。化学反応でその〈電池〉を止めてしまう薬ができたんだ。このごろ悪さをするハッカーが多いから、ついに発明されたんだよ」

「え！　ぜひその薬をお願いします」

「僕は医者じゃないから、薬は処方できない。しかし、神経内科とか心療内科で出してくれるよ。君のその紹介状の病院にもあるだろう。僕からも紹介状を書いてあげよう」

　というわけで、「電池を止める薬を処方くださりたく」という紹介状をしたため、それをご本人に見せてから、お渡ししました。おおいに満足して帰られたようでした。

　これはまったくの「ウソも方便」という方法でした。僧職にある人でも平気でウソをつく時代ですが、相手や世の中に対してよかれというウソをつくのなら、方便として許されると思います。

　さて、このように、**相手の道理を推測して、説得を試**

みよというのが、非常に強力な方法だということをおわかりいただけるかと存じます。ただし、その場での真剣勝負で、説得法を発明しなければなりません。実戦での訓練が必要ですが、「相手の道理を推測せよ」と、ぜひ記憶にはとどめておいてください。

事例3　寅さん的人物

道理が通じないということでは、「フーテンの寅さん」的人物も、ある種の典型かもしれません。学校で習うような教養は持ち合わせませんが、人生で学んだ知恵をもとに生きています。たいていは義理と人情型であることが多いですね。

こういう人にからまれた場合、応酬法というほどのテクニックは必要ありません。私が推奨するのは、**「30分だけがまんしなさい」**というシンプルな方法です。

ひたすらがまんして、相手の話を聞いてあげましょう。「そう、そう」と相づちを打って聞いていると、不思議なことですが、たいていの人は、やがて自分で自分の言葉に納得してしまうのです。

このような人は、30分以上も論理を駆使し続けることができません。だから、聞き続けるだけで、意外に早く納得してくれます。

そうやってきちんと話を聞いてくれる相手がめったにいないのでしょう。相づちを打っているうちに、やがて相手はこちらを友だちのように思い始めてくれたりします。

「あんたほど話がわかる人物はいないねぇ」

やがてそんな言葉が口をついて出たりします。そして、飲みに行こうと誘われたりして……。

こちらはほとんど何もいっていないのですが、ほぼこのパターンになります。ともかく30分程度はがまんするようにされるのが、トラブルを避けるコツです。

2 第三者に勝ちをアピールせよ

さて、2番目の方法も、ものすごい強敵との対戦です。強弁を決して曲げない相手です。

ある雑誌の対談から抜粋しましょう。あなたはこれを読んでどう思うでしょうか？　先入観を持たずに評価をしていただきたいので、とりあえず発言者の名前は伏せておきましょう。

A　ごく簡単な話ですが、今回の『スター・ウォーズ　エピソード1』は当たらせてはいけない作品なんですよね。

B　当たってしまいましたよね。

A　いや、当たってないんです。世界的に彼らが考えたほど当たってないんですよ。それがやっぱり批評なんですよね。つまり、女性が全く見に行かなくなって、2日目から女性客の落ち込みで、日本では記録を全くつくれていない。これは何でこの時代に帝国と反乱軍かということもあるわけですけれども、今の物語の枠組みが非常に古代化している。ほとんど古代に近い。あれがなぜSFなのかわからない。あれは悪い映画だし、おもしろくない。事実おもしろくないという反応が非常に多かった。あれを当たらせないということは一つの批評の現れだし、事実当たっていない。そしてあれを初日に騒いだ連中はまさにばかなディレッタントなんですよね。だから、その種のディレッタンティズムというものを当てにした商品が商品として流通しがたくなっているというのは、僕は非常にいいことだと思うんですよ。あれは帝国への反乱が起こった映画なんですよね。だから、Bさんはあれが当たったと思っちゃうのは絶対いけないことなんです。

B　すみません（笑）。僕はけっこう長い列の後ろについて並んでから見たんですよね。（以下略）

さて、みなさんはこの文章を読んでどう思ったでしょうか。何だかややこしいいい回しをしていますが、結局Aさん側のいいたいことは、「『スター・ウォーズ　エピソード1』は、おもしろくなかった」って、ことなんでしょうか？

この文章は、東大出版会の月刊PR誌『UP』からの引用です。2000年１月号という華々しい号です。ややこしいことをいっているAさんは、東大総長時代の蓮實重彦さん、Bさんは東大総合文化研究科教授の松浦寿輝さんです。

ややこしくて、読むのがイヤになるような文章ですが、少しがまんして、この発言のおかしなところをチェックしてみましょう。なお、特に東大を目のカタキにするわけではなく、私も友人が多いのですが、どういうわけか、“変な論理”にピッタリの例を東大の人が提供してくださるようです。

①言葉の定義をねじ曲げている

『スター・ウォーズ　エピソード１』が大ヒットしたにもかかわらず、「彼らが考えたほど当たっていないんですよ」とひたすらいって、無理やり「当たっていない」ことにしています。これは屁理屈をいうときの常套手段で、これをやると、言葉の意味がどうでもよくなってしまいます。

この方法は、こちらも強弁で対抗したいときに使えます。例えば、

「彼は悪人かもしれないけど、僕から見れば悪人じゃない。だから彼は悪人じゃない」

といった屁理屈を使えば、世の中から全悪人を消し

去ることさえ可能ですから。

ちなみに『スター・ウォーズ　エピソード１』の興行収入は、1999年の全米ナンバーワンでした。このような動かぬ証拠となる「データ」を出すと対抗しやすいですが、たいていの場合、データの持ち合わせがありません。それが強弁する側のつけめでしょうね。

なお、日本国内の配給収入は、この年は『アルマゲドン』の83億円に負けましたが、２位で78億円でした。３位の『マトリックス』は50億円にすぎませんでした。

②よく聞くと、根拠のないことや、不用意な発言が多い

だれしもすべての発言が完璧であることは珍しいですが、少しは根拠を示してほしい発言とか、不用意すぎる発言では、と思うところを指摘しておきましょう。

「女性が全く見に行かなくなって」

「全く」とは「すべて」という意味なのですから、用法の間違いです。論理的でない証拠でしょう。

「２日目から女性客の落ち込みで、日本では記録を全くつくれていない」

１日目は記録をつくったんですか？　それを隠したいんですか？

「あれがなぜSFなのかわからない」

古代を擬するSFは多いんですけどね。ご存じないですか。

「おもしろくないという反応が非常に多かった」

どの映画でも「おもしろくない」という人はいます。定量データを示さず主張すると、学者を辞めないといけないですよ。

「事実当たっていない」

自分の言葉で引っ込みがつかなくなりましたね。具体的なデータに反して「事実」とするなら、学者、辞めることをおすすめしないと……。

「あれを初日に騒いだ連中はまさにばかなディレッタントなんですよね」

総長、「ばか」という侮辱的発言は訴えられかねませんよ。それに、「ディレッタント」は「専門家ではないが、文学・芸術を愛好し趣味生活にあこがれる人」つまり「好事家」の意。『スター・ウォーズ』の観客層とかなりずれてるんですけど。言葉の意味を知ってます？

「ディレッタンティズムというものを当てにした商品」

またいってる。「お子様も見られるご家族向け大衆映画」です。批評家として映画の位置づけを間違えてますよ。

「帝国への反乱が起こった映画なんですよね。だから、Bさんはあれが当たったと思っちゃうのは絶対いけないことなんです」

「だから」ではつながらない論旨です。

理屈も何もあったもんじゃない議論ですね。

そもそも「『スター・ウォーズ　エピソード1』は当たらせてはいけない」としたスタートポイントがおかしいでしょう。「当たらせてはいけない」という不遜《ふそん》な発言を、はたしてその映画の部外者である一個人ができるものなんでしょうか。あまりにもいいすぎですよ。というふうに応酬しているわけです。

ほんとにこの人、どうして東大総長に選ばれたんでしょう。日本の「知の殿堂」に対して、みなさんは不安を覚えません？

さて、「相手のいうことには耳を傾けず、ともかく自分のいいたいことをまくし立てていい張る」といった手法は**「強弁法」**といわれます。泣きながら腕を振り回してかかってくる子どもと同じで、ルール無視、恥も外聞もなしで、なりふりかまわず攻めてきます。手がつけられません。

こういうタイプの人は多弁です。相手に口を差しはさませず、しきりに自分の論理の「穴ふさぎ」を続けようとします。論理には「ヌケ」が多いことだけは自覚しているようで、ともかくまくし立てます。論理的につながらない内容を、異常に多い「だから」を繰り返してつなぎ続けます。「だから」でつなぎつつ、いつまでも話し続ける人は、強弁型の人物だと判断したらよいでしょう。

実はこの手の発言をする人は、決して負けを認めません。時間切れのゴングが鳴っても、まだ戦い続けます。結論が出て終わるのでないなら、負けたことにならないからです。その点では最強ですね。

できることなら、こういうタイプの人とは関わりたくないところですが（事実、ある会議で、「あの人とは同席しない」と拒否する人を見ました）、会議やプレゼンテーションなど、利害がからんでくるときは、そうもいっていられません。野放しにしておくと相手の主張が全部通ってしまい、こちらがワリを食ってしまうことにもなりかねません。

こういう人を相手にしなければならないとき、**「第三者に対して勝ちをアピールせよ」**という手法をおすすめします。聞く耳を持たない本人を相手にするのではなく、聴衆に対して正論を訴えるのです。

この手法を使うとき、大切なのは、「聴衆が納得しやすい」という点で、常に、**「正論を述べる」**という攻め方を使うことが応酬論法のコツです。

相手がなりふりかまわずいいたいことをいってくると、こちらも感情的なことをいってしまいかねませんが、そこはがまんです。相手と同じ土俵に乗ったら、負けです。スポーツやゲームと同じで、敵の得意とするフィールドで戦ってはいけません。

むしろ、聴衆と感情を共有します。聴衆と同じ土俵に乗るか、聴衆を自分側の土俵に乗せてしまうのです。

例えば、前のページに書いた文章で、

「ほんとにこの人、どうして東大総長に選ばれたんでしょう。日本の『知の殿堂』に対して、みなさんは不安を覚えません？」

これは、聴衆（ここでは読者の皆さん）に対する決めゼリフの一例です。侮辱ととられるのを避けるため、断定はせず、「問いかけ」というテクニックを使うことによって、聴衆と感情を共有しようとしています。

また、相手の議論の言葉尻などで、「確実に粉砕できるところ」を選んで、ビシリと攻めの一手を打つことは非常に有効です。つまり、**「相手の議論の細部を攻めよ」**という作戦です。

例えば、映画の興行成績のデータを示すとか、「あなた、ディレッタンティズムという言葉の使い方を間違ってますよ」というように、突然、割って入ります。そして、正確に説明してみせるのです。

このタイプの論者は、いつも「論理の穴ふさぎ」で糊塗《こと》し続けている人ですから、あやふやな部分がたく

さんあります。こちらの土俵に近い発言が出てきた瞬間、

「その言葉、意味を理解してませんね。使い方が間違ってますよ」

と、とりあえずいってから、後で説明を考えても、意外に論破できてしまったりします。何しろ、こちらの土俵上なら、こちらのほうがずっと知識は上ですから。

ただ、強弁法の使い手を相手にするときに困るのは、発言する機会をなかなか与えてくれないというところです。次から次へとまくし立て、ほかの人間に話す機会を与えません。

また、相手側も使う裏ワザですが、**「相手の知らなそうな単語をいって、相手の思考を停止させよ」**というテクニックがあります。相手がその単語の意味を考えている間に、話をどんどん進めてしまうのです。例えば、

私　あなたのいっていることは、インダクション（帰納）の体をなしていない。

相手　（インダクションって何だっけ？？？）

私　エピソード１の興行収入は、その年のナンバーワンでしたよ！　インダクティブに議論するなら、あなたの意見はおかしいので

あって……

という具合です。インダクションについて説明せず、すぐにこちらのいいたいことを話し始め、どんどん議論を進めてしまいます。一種の寝ワザです。もちろん相手も「ディレッタンティズム」など、横文字を並べて応戦してくるでしょうが。

その他、文を決して切らないで、延々と接続詞でつないで話し続け、ケムに巻いてしまうなど、無茶なテクニックもあります。聴衆がついてこられませんので、不毛な議論にしかなりませんが。

3「ある」と「すべて」を混同する人が相手のとき

以上、非常に論破しにくい相手への対策をお話ししてきましたが、第3の応酬法では、少し論理の話へ戻りましょう。

まずは問題から。次の論理は正しいですか？

A子もB子も、みんなうそつきだった
女はうそつきだ

ちょっと簡単すぎたでしょうか。

答えはもちろん「ノー」ですね。

この人がつき合ったA子さんとB子さんは、「特定の女＝ある女」です。ここから「(すべての）女はうそつきだ」ということはできませんよね。

論理を少しでもかじったことがある人間にとっては、まったく当たり前のことですが、実際の議論の場では上のような論法がよく使われます。そして、それが正しいこととして、まかり通ることも少なくありません。

例えば、次のような主張をする人がいます。

インターネットを使っている人は、人間どうしの深い関係を築くのが苦手です。例えば、Aさんは、土日は家族以外の人とはほとんど会わず、コンピュータに向かっています。Bさんも、休日に一緒に出かけるような、友人はいません。Cさんも、いままで異性とつき合ったことがない。だから、インターネットは人間関係を築く妨げになります。

このような論法は、社会学系の一般書などでたまに見受けます。A、B、Cと3つくらい並べて、もういいでしょうといわんばかりに、何となくもっともらしい結論を導いてしまいます。

これは、論理の一種である「帰納的推理」を乱用した詭弁《きべん》の一種です。

「帰納的推理」あるいは「帰納法」とは、観察された個々の事例をすべて総括することによって、それらから導き出される普遍的な主張を確立する、という論理のことです。要するに、「いろいろ見たけど、みんなこうだった」という主張ですが、「見ていないものにも当てはまる」ものでなければなりません。

観察や観測を行う科学者は、帰納的推理によって科学的結論を見出そうとするのが一般です。科学者の世界では、きわめて厳密に使用されています。
また、「数学的帰納法」という論理の方法も、学校で習ったでしょう。数学による証明の手法ですので、厳密な証明がすんでしまえば、きちんと成り立つとみなされます。
それに対して、「数学的」とつかない帰納法は、常にあやふやさを残しているといわざるをえません。
例えば、「カラスは黒い」という文を考えましょう。はたしてこれは真でしょうか？　１羽目のカラス、２羽目のカラス……、100羽目のカラスを見ても、みんな黒かったです。しかし……？
論理学者カール・ヘンペルは、すべてのカラスを調べるのは不可能だという意味で、「カラスのパラドックス」と呼びました。
実際、遺伝子の変異で、まれに白いカラスが生まれます（アルビノという異常です）。ですから、非常に厳密な人は、「カラスは黒い」は偽だとみなすでしょう。
実世界の論理とはそんなものです。「厳密さ」の程度によります。例えば、コクマルガラスという種類は、体の半分程度が黒いだけですし、ベニハシガラスはくちばしが赤いのです。
あるいは、論理を考えるのに、言葉に変換していますから、「マリア・カラス（オペラ歌手）もアントン・カラス（チター奏者）も黒くなかった」という反論だってできますよね。

さてこのように、「ある」を「すべて」にすり替える人を相手にしたときは、**「反例を1つあげて反論せよ」**という方法では、たいてい通じません。というか、相手はそういう論理学の基本さえ理解していなかったりするからです。

この場合、相手は「すべて〜である」ではなく、「〜が多い」と主張していると読み換えるべきです。そのうえで、反論を行いましょう。

つまり、ジャイアンのときと同じで、この場合も相手と同じ論理で説得したほうが、相手を納得させやすいでしょう。

「反証をいくつもあげて、相手の主張をどんどん弱めよ」

などの手です。論理がわからない相手ですから、やむをえないでしょう。

あるいは、社内での調査資料や論文など、「正式な資料」として提出されてきたときには、徹底的にたたきつぶすチャンスです。

「厳密性の不足を徹底的にあげつらってつぶせ」というやり方が普通に行われます。

また、日常の議論の場合は、**「似た例をあげて、やんわりとつぶす」**という方法があります。

話術の達人として有名だった徳川夢声さんは、「映画に触発されて犯罪に走る者がいるので、映画は撲滅すべきだ」という意見に対し、ユニークな反論をしました。夢声さんは、サイレント映画の弁士として、一時代を築いた人です。

「たまに飛び降りたい誘惑に駆られる人がいるから、高層ビルもすべて壊してはいかがか」（朝日新聞『天声人語』より）

4 表現を裏返して述べる

ご近所づき合いでは、いろいろなことが起こるものですね。第4の方法では、そんなときにも有効な方法を考えましょう。

例えば、ご近所の子どもが小学生くらいになってきて、わが家の壁にボールをぶつけ、野球の練習をするようになったとしましょう。ドンドンうるさいし、それほど頑丈な壁ではありませんから、このまま続けられたら壊れてしまうかもしれません。

その家の親ごさんは、それを知っているはずなのに、子どもに注意することがありません。そういうご家庭もあるものです。弱ったものです。しかし、苦情をいって、カドが立ってもいけないし、とだれしも悩みます。

このようなとき、自分の苦情はきちんと伝えるのだが、**「表現を裏返して述べよ」**というテクニックがあります。ご近所だから、苦情をいいにくいはずですが、逆にご近所だからこそ、苦情をはっきり述べるという論旨にします。

「……ご近所でなかったら、申し上げません。壊れてからいきなり修理代の請求書をお持ちするだけです。けれどもご近所ですから、いまのうちにお伝えさせていただきます。請求書などお持ちしては、私も心苦しいかぎりですし、お宅様もきっとお困りになるでしょう。ですから、ご近所だからこそ、早めにお願いにまいりました。お宅様のためを思ってです……」

　これでいかがでしょうか。カドを立てずに、苦情をきちんという方法です。

「相手にとっての利益を強調せよ」というのが、この方法の骨子です。ひたすら相手の利益を思って、という態度で臨みます。

　また、**「それに応じないときの損失を意識させよ」**という「請求書」などの言葉がきちんと入っています。

　相手にとっては聞きたくないであろう苦情を、相手が聞きたい有益な情報に「裏返す」というのがテクニックです。本当はこちらの利益のための主張ですが、それが相手にとっても利益であることをわかってもらいます。ご近所だからこそ可能なテクニックです。

　こういう主張をひねり出すためには、自分と相手の立場を入れ換えて考えてみることです。「どんないい方をされたら素直に苦情を受け入れられるか」「どういわれたら、それに反論しにくいか」を考えてみるのです。想像力を生かすことです。「ご近所づき合いの暗黙のルール」のようなものを強調するのがよいと思います。

「裏返しの論理」を使ったうまいジョークを見つけたので、ご紹介しておきましょう。

（アブラハムが9ドル97セントの品物を9ドル96セントに値切ろうとしている）

とうとう売り子がいいました。

「ちょっとお客さん、1セントくらいで争ったってしょうがないでしょ。この値段以下には下げられっこないんですよ。しかも、お客さんはツケで持って帰るってんでしょ。だったら、1セントぽっち、いいじゃないですか」

するとアブラハムが答えました。

「私はね、この店がたいへん好きなんだよ。だからこそ、こうやって値切ってるんだ。だって、私がツケを払わなかったとき、この店の損害を少なくしてやれるんだからね」

5 データにだまされるな

第5の秘けつは、データにだまされない心得です。何らかのデータから結論を導き出そうとするとき、データの読み方を間違えるとおかしな結論を導くことがありますね。

霧の日と晴天の日を比べると、晴天の日のほうが自動車事故の件数が多い。だから、運転するなら霧の日のほうが安全だ。

「そんなバカな」という感じですが、こんなおかしな結論になったのは、なぜだかわかりますか？

「事故件数」で比較すれば、晴れた日のほうが圧倒的に事故が多いんです。なぜかというと、霧の日なんてめったにありません。年に10日の霧の日と、100日単位の晴れの日を比べてるんですからね。

それを「事故率」と読み違えると、こんなおかしなことになります。うっかりデータにだまされてしまうということが起こるのです。タネを明かしてしまえばどうってことありませんが、意外にだまされる人が多く、こうしたトリックを悪用する人たちがいます。
データを悪用した例をいくつかあげてみましょう。

○○を食べているB村の平均年齢は、日本全体の平均より12歳以上も高くなっています。B村は長寿の村。あなたも○○を食べて長生きしよう。
（短評：「平均年齢」と「平均寿命」は別の話。若者が流出して少なくなっている村では、平均年齢が高くなります）

わが社の調査によると、□□茶を飲んだ人の50％以上が、花粉症の症状が軽減したと回答しています。
（短評：２人中１人でも、50％以上。対象となる人数がはっきりしないデータを頭から信じないようにしましょう）

全米ナンバーワンのヒット映画
（短評：毎年、日本に山のようにやってくる「全米ナンバーワンのヒット映画」ですね。６月第３週末１位とか、たとえ１年のうち１日でも全米１位になったものは、ナンバーワンをかかげます）

6 いい回しの妙に熟達せよ

さて、「いい回し」や「ニュアンス」の問題が第6の秘けつです。

以下のような感想を聞いたとき、あなたは、AとBのどちらの店を選びますか？　いわゆる「国語の問題」的な二者択一問題です。

①Aの店はおいしいけど、高い
②Bの店は高いけど、おいしい

おそらく、Bの店を選ぶ人が多いのではないでしょうか。それが日本語での自然な解釈です。「けど」でつないだ部分はつけ足しで、文尾に力点があります。

では、次の場合はどうでしょう？

③Aの店はおいしい、かつ、高い
④Bの店は高い、かつ、おいしい

この場合は、基本的にどちらともいえません。Aの店もBの店も、たいして変わりがないでしょう。

この４つとも、数理論理学で見たら同じ意味です。論理の世界では「しかし」「そして」は、「かつ」と同じ意味で表現せざるをえません（番外コース参照）。

しかし、通常の話し言葉には「ニュアンス」というものが伴っています。例えば、社員に対する評価であっても、

評価１　「能力に問題があり、ナントカカントカであるが、非常に誠実である」
評価２　「非常に誠実であり、ナントカカントカであるが、能力に問題がある」

という２つを見比べたとき、通常は最後に書かれたことが結論だとみなされがちです。つまり、**論理的には同じ意味でも、受ける印象はずいぶん違う**わけですね。

悪い点になるべく注目を集めないような表現にしたり、文脈の中に隠してしまうと、相手をごまかすような伝え方が可能になります。

例えば、極端な場合ですが、

「４年目以降の利子は年利18％いただきます」

というべきところを、

「最初の３年間は年利がたった0.5％なんです」

といって、それ以外は契約書に細かい字で書いてあ

るだけ、というセールスがありえます。しかも、話を続けているうちに、
「いやぁ、年利0.5%なんてお得な話はよそにはありませんよ」
などと、「最初の３年間」が省かれてしまいます。「0.5%」だけが強調されるのです。
これは極端だとしても、評論家や政治家などの発言を聞いていると、もってまわった「いい回し」など、ダラダラして焦点をぼかす表現は多いものです。
例えば、「ないわけではない」というような「二重否定」は当たり前のように使われます。あるのかないのかあやふやで、聞いているうちにわからなくしてしまいます。
もっとひどいのは、「〜ではないかと思わないでもない」という「三重否定」（！）を使う人さえいます。評論家に多いかなと想像して、以前、インターネットで検索したら、「法律家」さんの文章が最も多く出てきました。厳密であるべき法律家さんが、いい抜けの達人なのかとあきれました。日本独特の現象でしょうか？
ともあれ、表現のニュアンスというのは大事です。いかにうまく表現するか、いいにくいことをオブラートに包むか、などはこの社会に生きる知恵でしょう。

特に、言葉尻をとらえて攻撃されないためには、**逃げ道を残した表現に習熟せよ**と、おすすめしておかなければなりません。

例えば、次のようなテクニックがあります。

①断定を避け、「ではないか」など「推測形」にする
②「ではないかと憂慮する」とさらに、「憂慮する」などの言葉によって、「個人的見解」を明示する表現にする
③「世の中ではよく～といわれているが」など、世間の意見に見せかけて、自分の主張を述べる
④自分の意見に反対する側にも配慮した見解を述べつつ、かつ重点を自分の意見の側に置く

私の場合、新聞に掲載する原稿を頼まれた場合、意識的にこのようなテクニックを使わざるをえません。なぜ意識的に使うかというと、残念ながら、近年の新聞に載る論説にはこんな文体があふれているからです。あまり断定的に書くと、担当者さんを困らせることになりかねません。

いいたいことを断定しない、読者からクレームがあったときに逃げ道を残す、意見に反対する側にも常

に配慮して客観的に見せかける、などなどです。

こういう状態が続くと、ジャーナリズムの崩壊を予感させかねません。しかし、掲載されないよりは、掲載されて何がしかの主張をまぎれ込ませたほうが勝ちか、という問題になってしまいます。

こんな裏話を書いたら、今後は新聞からの依頼なんてこないでしょうかね。まぁ、かまいませんが。

7 説明責任を相手に押しつける

第7の応酬法では、「逆転の論理」を応用したディベート（論争）法をご紹介しましょう。非常にありふれたテクニックです。相手の主張を骨抜きにしてしまうために、**「何事も説明や定義を相手に押しつける」**というのが作戦です。相手が言葉に窮するまで続けます。だれだって実行しやすいので、ごくごく初級のテクニックです。

例えば、「歩きタバコ禁止条例」について、賛成と反対の場合を考えてみましょう。

まずは、私が賛成の場合。

相手　マナーの問題ですから、法律で規制する必要はないと思います。

私　マナーの問題とは、どういうことでしょうか？

相手　ルールよりもっと緩やかな常識的規範の問題ということです。

私　常識的規範とは、どういうことか説明してくれますか？

相手　文化に根ざしたものというか、何というか……。
私　はっきりしていないんですね。
相手　……。

今度は、私が反対の側です。

相手　私たちが調査を行った結果、非常に多くの人が、タバコによって服を焦がされそうになったという経験を訴えています。
私　非常に多くの人とは、どれくらいですか？
相手　約10%です。
私　約10%だと、非常に多いということになるのでしょうか？
相手　私の感覚ですと、かなり多いと思いますが……。
私　それは、あなたの感覚が正しいということですか？
相手　……。

この方法は、バトルトークの初級テクニックですから、上級者が使っては行儀が悪いでしょうね。ただ、上司が部下をいじめるときにもよく使います。

では、上記の例のような問いつめ方をされたときに、どう反論するべきでしょうか。
実は初級テクニックですから、相手はどこで追及をやめるべきか知らないことが多いのです。しばらく問いつめにつき合ってあげてから、潮時を見て、
「あなたの質問は、どんどん脇道にそれてますよ。今日の主題を真剣に議論するつもりがあるんですか？」
などと逆襲するのは反論の一例です。
一方、上司からいじめられているときは、素直に誠実に答えつつ、ほかのメンバーの反応などを見ているとよいでしょう。脇道にそれていることをわざわざ指摘しなくても、だんだん鼻白んでくる人がいるものです。
また、いじめられるのを予想しているとき、**「相手に対してワナをしかけよ」**という高等テクニックがあります。質問攻めにされそうな表現を、わざと自分の発言の中に入れておくのです。そして、そこを攻められ続けたとき、突如、「アメリカ環境保護庁の最新調査ではウンヌン」などと、相手がグーの音も出ないほど立派な返答を返します。下準備がたいへんですが、完璧な返答を一度返すと、相手はおじ気づいて、あまり攻めてこなくなることがよくありますよ。

8 言葉の裏に隠された真意を読め

「毎日夜遅くしか帰ってこないし、帰ってきたらすぐに風呂に入って寝るし、仕事と私、どっちが大切なの？」

テレビドラマでよく聞くセリフですね。

あなたは、これに対してどう答えますか？（女性読者も男性になったつもりで考えてくださいね）

「疲れてるんだ。放っといてくれ」

は最低でしょうね。真面目に答えるなら、

「もちろん、どちらも大切だよ。仕事を一生懸命やることは、キミのためでもあるし、キミがいるからこそ仕事も頑張れるんだ」

一方、リップサービス（お世辞）で答えるのなら、

「何いってるんだ、キミに決まってるじゃないか」

というところでしょう。

どちらもそれなりによい答えですが、もう１つ上のランクの答えが第８の秘けつです。

実は、人間は、いいたいことすべてを言葉にして表現するわけではありません。論理の世界と実世界との相違です。

恋人や家族などが不満をいい出したとき、本当にいいたいことが裏に隠されていることがあると考えるべきです。

例えば、「帰りが遅い」「すぐ風呂に入って寝る」「仕事が大切なの」からは、「さびしい」という気持ちが推測できます。「早く帰ってくるようにする」「会話の時間を増やす」など、行動で示すことが本当の答えです。また、

「さびしかったのかい。すまん。オレも仕事が忙しくてなぁ」

と、言葉で相手の真意を直接的に表現してみると、非常に良好な効果を発揮することがあります。

もう気づかれた人もいるでしょうが、これは1章で勉強したSo What ?の応用です。「帰りが遅い」「すぐ風呂に入って寝る」「仕事が大切なの」という情報から、「さびしい」というSo What ?を導き出しています。

隠された真意を読むというテクニックは、新聞記事などを読んでいるときにも、しばしば威力を発揮します。私は経済情勢や政治情勢などを読むとき、よくそういう読み方をします。しかも、それがよく当たります。

「行間を読む」といってもよいでしょう。新聞記者や論説委員などは、まだ報道として書けない内容がある

とき、表現法として独特のテクニックを使うように思います。

①別の文脈の中に、いいたい内容をまぎれ込ませる
②唐突な感じに、見出しと本文の内容をずれさせる
③核心の周辺を書くが、最後のキーワードだけを書かない
④別に小さな記事を用意し、総合すると結論に気づくようにする

その他、苦心の末の報道法です。このような記事に気づくと、世相の急変を先んじて知ることができる場合があります。

9 大勢から攻められたときは、最も弱い相手を攻め落とす

次の秘けつは、ふたたび“絶体絶命の状況”に関するものです。大勢から非難されて、議論の袋だたきにされそうになった場合、という設定です。「死中に活」を求められるでしょうか。

こんなときは、**「相手の守りの弱いところを見つけ、そこを攻めよ」**というのが、古今東西の兵法の基本です。スポーツでも、たとえ強くても総合力に問題があるチームは、この戦法で弱いチームにあっさり負かされてしまうことがあります。

議論の場でも、大勢を相手にするとき、おそらくこれ以外には常套的な戦法はなかなかないでしょう。

多数を相手にしなければならないという絶体絶命の状況下では、まず相手をよく見定めましょう。決して相手側のボスとまともに渡り合ってはいけません。おとなしそうな相手を数人探しておきます。これが「弱点を見つける」ことに当たります。

そしてともかくも、**「なるほどもっともという『正論』を主張し続けよ」**というのがポイントです。

相手側のボスの顔など見る必要はありません。背後

にいる弱そうな相手を見回しつつ、正論を話し続けるのです。そして、様子をしっかりと見ています。

正論を唱え続けていたら、やがてフンフンとうなずく人が出始めてくることでしょう。たった１人ではいけません。複数に増えるまで主張し続けるのです。そして突然、

「Aさん、どう思いますか？」

と、おとなしそうな人に意見を求めます。おとなしい人というのは、ボスの意見にしたがっている場合がほとんどです。もともとたいした主張は持っていませんから、やがてこちらの主張にもうなずいてくれるのです。

ところが、おとなしそうな人は、問われても、ボスの顔色をうかがうだけで、なかなか返答しないかもしれません。

「あなた、しきりにうなずいてくださってたでしょう」

ボスが口出しする前にたたみかけます。うなずいていたほかの人も見回します。タイミングがよければ、だれかが口を開きます。

「あなたのいうことももっともですな」

「そうですわ。お互いの意見をもっと聞くべきでしたわ」

そうなれば最良の展開ですが、最悪の場合はだれも口を開いてくれません。しかし、しきりに「そうでしょ？」などと念押しして、相手をどんどんうなずかせてしまいます。

これで囲みの一角が破れます。そうしたら、うなずいてくれた人々を相手にしつつ、言葉のキャッチボールを始めるのです。

「イエス」と答える質問だけを続けよというのが基本です。

「イエス」「イエス」「イエス」……と攻め落としていきます。ボスは相手からはずして、周りをどんどん崩します。

結局のところ、人数を五分五分にまで持ち込まなくてかまいません。３割も自分の側にとり込んだら、あなたの大勝利、相手の敗北です。そんなに味方ができたなら、相手もあなたを非難しきれなくなってしまいますから。

ただし、このような絶体絶命の状況は、議論の上級コースです。言葉を選び、息もつがない論理の連鎖によって、相手方を自分のペースに巻き込んでしまう必要があります。もしこの状況で、一度でも勝利を収めたなら、あなたは議論巧者としておおいに自信を深めることができるでしょう。

なお、相手のうちたかだか3割程度の味方で勝利だとしましたが、「会議での勝利」というのも、実は同じような方針で達成できます。

10人程度が参加するような会議でも、実際に議論に参加しているのは2〜3人だけというケースがほとんどです。ですから、あなたが何かを提案したとき、1人か2人の味方がいて、すぐに「そうだ、そうだ」と積極的に賛成意見を述べてくれるなら、会議での勝機が見えてきます。

実力者は、よく会議で数人の派閥を作るとか、「そうだ、そうだ」の仲間を増やすようにしています。2〜3人で言葉のキャッチボールをすることによって、ほかの意見を封殺してしまうのが基本テクニックです。これはそんなに難しいテクニックではありません。

一方、いつも会議で横暴な人が1人いて困っている場合、逆に数人で示し合わせて、このテクニックを使うことができます。前もって打ち合わせをしておき、突然、横暴な人に対して反対意見を述べ始めます。そして、それに賛同する意見で埋めつくしてしまうのです。きれいな戦い方とはいえませんが、弱い者どうしが徒党を組むということもあるでしょうね。

10 先を読んで行動せよ

さて、議論の最後の秘けつです。これも、難問中の難問です。次のような状況に追い込まれたとき、あなたはどう行動しますか。

あなたは、ある会社のヒラ社員です。ある日、部長から困ったことを要求されました。
「キミ、この件を内密に処理してくれないかね。キミの責任としてだ」
あなたは青ざめました。それは法に触れるような内容でした。発覚したら、手が後ろに回ります。しかし、部長の要求を断れば、針のムシロのサラリーマン生活が待っています。このピンチをどう切り抜ければよいでしょうか？

イエスといったら犯罪者です。しかし、ノーといっても、以後は部長に干されて、サラリーマンとしての未来はないでしょう。

とりあえずの正解は、**「何とか返事をしないですませよ」**という作戦です。「しばらく考えさせてください」

というなどします。

しかも、「部長、お困りでしょう」など、部長の味方のような顔をすることを忘れてはなりません。相手もビクビクしているはずですから、希望を持たせるようにし向けないことには、その場を切り抜けることなどできないでしょう。

ただし、サラリーマンとして、本当に優れた方針とは、**「こんな悪事を持ちかけられないようにせよ」**ということです。万一、持ちかけられたなら、それはふだんのあなたがつけ入られやすかったり、イエスマンすぎたからでしょう。トカゲのシッポ切りにされる恐れがなかったかを反省しましょう。

とにもかくにも、即断即決で対処する例として、部長とヒラ社員氏の会話を追ってみることにしましょう。

部長　キミ、この件を内密に処理してくれないかね。キミの責任としてだ。

ヒラ　はあ……困った問題ですね。部長もたいへんお困りでしょう。

部長　いや、これはキミの担当の仕事だからね。だからキミに一切の処理を任せなければならないんだ。

ヒラ　とおっしゃられましても、たいへんな問題ですからね。1人でしょいきれないかもしれません。非常に難しい問題ですね。

部長　何をいってるんだ。キミ1人で十分に処理できる内容じゃないか。キミはやらないというのか。

ヒラ　部長、私はこの件を私の胸に収めますがね、万一、この件が明るみに出た場合、部長はどうなさるおつもりです？

部長　私が……？

ヒラ　例えば、部長、私を救ってくださいますか？

ポイントは、その後です。ヒラ社員氏の質問に、部長は何と答えるでしょうか？　ここを、「予想して『先読み』せよ」と理解するのが真の実践的論理力というものなんです。

まず、「イエス」は考えられないでしょう。部下に悪事を押しつけようとしている人間が、「イエス」というわけがありません。

では「ノー」はどうでしょう。これも違うでしょう。部長が「ノー」といえば、ヒラ社員氏は「イエス」といってくれなくなって、話が成立しなくなる恐れがあります。

結果、「イエス」でも「ノー」でもない答え、「話を先延ばしにするだろう」と予想されます。

「まー、キミ、そのときは、そのときで考えようじゃないか」

といったふうにです。

そこで、次に考えなければならないのは、話を先延ばしにさせないためには、どうしたらよいかです。

「お考えをお決めいただけますか。私も妻子持ちです。しかも、いささか手に負いかねる仕事かと懸念いたしております。部長のお考えをおうかがいしてから、ご返事したいと存じます」

こうなると、部長から見ても手ごわいです。帰りかけようとしたあなたを、部長があわてて引き止めます。

「待て、待ってくれ。よし、万一のときは私が救ってやろうじゃないか」

そこであなたは、もう一度すばやく「先読み」をします。この約束、後でホゴにされるんじゃないかと……。

「部長、だったら、一筆書いていただけますか」

と、ここまで食い下がります。万一の場合の「証拠」を押さえるという姿勢です。

部長側も「先読み」したとすると、そこでおびえることでしょう。部長自身が関与したという動かぬ「証拠」を握られたうえ、その仕事をやってもらえずに、もしも警察にでも駆け込まれたらと……。

ただし、実はここまで進まなくてもよいのです。違法な仕事をこのヒラ社員氏に頼んだら、ここまで追い込まれるぞと、**ふだんから自分の実践的な論理性を認識してもらう**ことこそが大事なのです。

誠実だが、論理的に抜け落ちのない人間だと理解してもらいます。例えば、

「A商事との契約の件、かなりリスクが高いと思いますが、本当に話を進めてよろしいんですね」

「Bプロジェクトの件、私の判断で進めてよろしいんですね」

何事にもふだんからきちんと確認を怠らないようにしておけば、ヒラ社員氏はあいまいなままに責任を押しつけられることがほとんどなくなるでしょう。

大切なのは、日常的に先読みして、**リスクを管理し、リスクを避けよ**という論理的能力です。いつも先を読んで行動することを習慣づけてください。あなたが相手の先を読んで行動するような人間であれば、上司はなかなか無理難題を押しつけられません。やはり、ふだんからの行動が大切なのですね。

イソップに学ぶ応酬論法いろいろ

この章の最後に、イソップ童話の中からおもしろい応酬論法の例を拾ってみました。シビアな論争術だけでなく、楽しみながら読んでいただければと思います。

童話や昔話には、とんちや機転で危機を逃れたり、相手をやり込めたりする話が少なくありません。論理や詭弁を使ったものも数多くあり、論理を勉強するという視点であらためて読んでみると、ひと味違った楽しみ方ができますよ〔『イソップ寓話集』（山本光雄訳、岩波文庫）を参考にしました〕。

（木像売り）

男がヘルメスの木像を売っています。

「とってもご利益《りやく》のある神様の像ですゾ」

そこへ１人の男がやってきて、

「ほんとにそんなご利益があるなら、自分で持っていろよ。売る必要はないはずだ」

「いえいえ、私に必要なのは、いますぐのご利益ですが、この神様、ご利益を授けるのが遅いんですよ」

セールスマンはこのように、あの手この手の論理を使うものです。「荷物です」といわれ、玄関のドアを開けたら、新聞の販売拡張員でした。その販売員がいうには、手に持っていた粗品の洗剤が、荷物の一種だそうです。

「荷物ならそこに置いて、お帰りくださいな」

（キツネとブドウの房）

おなかをすかせきったキツネが、ブドウの房が頭上に下がっているのを見つけました。懸命にとろうとしましたが、高すぎて届きません。そこで、

「なあに、あのブドウはまだ熟してないのさ」

「負け惜しみ」の論理とでもいうべきものです。何かにトライして失敗したとき、「成功してもよくないことがある」とすれば、傷が浅く感じられます。「あの会社、仕事がキツイっていうから、受からなくてよかったよ」という具合。

（キツネと犬）

1匹のキツネが赤ちゃん羊を抱き上げ、乳を飲ませるふりをしています。

見張り役の犬が、それを見つけて叫びました。

「何をしてるんだ！」
「おっぱいを飲ませてかわいがってるのさ」
「その子を放せ。さもないと、お前も、犬のやり方でかわいがってやるぞ」

相手の心にグサリと刺さります。キツネの頭の中は、赤ちゃん羊に対する「キツネのやり方」でいっぱいのはずでした。それと同レベルだという「犬のやり方」の宣告が、よけいに効果的です。
「やましいことはないのかい？」
「……」
「どうして『やましい』って聞いただけで、ビクつくのさ」

(犬とオオカミ)

オオカミが犬を襲い、食べようとしました。

犬はいいました。

「ちょっと待ってくれれば、主人が結婚式を挙げるんだ。いまは僕もやせてるけど、結婚式でごちそうをたくさん食べて、太ってくるよ。うんとおいしくなってくるから、それまで食べるのは待っててくれたまえ」

オオカミは犬の言葉を信じて、立ち去りました。

オオカミが犬の家に行くと、犬は安全な屋根の上からいいました。
「もう、結婚式を待つ必要はないよ」

自分の利益のために相手を説得するときは、何が相手の利益になるのかをまず考えましょう。
「パパ、お小遣いちょうだい！」
「どうして？」
「あんたのかわいい娘が喜ぶじゃない」

（オオカミとサギ）
のどに骨を刺して困ったオオカミが、サギと出会いました。
「お礼をやるから、骨をとってくれんか」
サギは頭をオオカミの口の中に突っ込み、骨を抜いてやりました。そしてオオカミにお礼を要求すると、
「オオカミの口から頭を無事に出せたんだ、それを喜べ。まだお礼なんかほしいというのか！」

「悪い行い」に対して「良い行い」で埋め合わせをするように、対立する事柄を２つ並べて、互いになかったことにするのが**「相殺法」**です。詭弁テクニックの

1つです。オオカミの場合でいうと、「お礼をしない」を「口から頭を無事に出せた」で相殺しています。

全然関係ないような事柄で強引に相殺している場合でも、何となく納得させられてしまうことがあるので注意が必要です。

「彼は仕事はできないかもしれないけど、一度も遅刻しません」

「確かにこの企画は欠点だらけかもしれませんが、徹夜で一生懸命作りました」

(ランプ)

夜、ランプが自慢していいました。

「見ろ、僕は太陽より長く輝くことができるんだ」

そこへ風が吹いてきて、ランプが消え、ある人がいいました。

「星の火だったら、消えることなんかないぞ」

どんな点を比較対象にするかで、優劣評価が逆転することがあります。

「彼はホームラン王、僕は三振王、2人とも人気者さ」

「アイツは赤点だらけ、オマエは留年組、どうするんだい？」

（ロバとキツネ）

ロバがライオンの皮をかぶって、ほかの動物たちを怖がらせていました。今度はキツネに近づいて、おどそうとしています。

キツネは少しも怖がらずにいいました。

「お前が鳴くのを聞かなかったら、きっと怖がっていただろうけどさ」

服装や地位が、その人自身の評価に影響を与えることを、心理学の用語で「後光《ごこう》効果（光背効果）」といいます。身なりのきちんとした人の発言が立派なことのように聞こえ、専門家の発言が正しいように思えるわけです。

「有名な○○先生がいってたから」というような主張にだまされないようにしましょう。

（女主人と召使い）

明け方の鶏の声を合図に、召使いたちをこき使う女主人がいました。召使いたちは、鶏さえいなければ、こんなに働かされることはないと考え、その鶏を殺してしまいました。

ところが、もっと働かされることになってしまいました。鶏がいなくなったために時刻がわからず、女主人はもっと早起きして、召使いたちをこき使うようになったのです。

自分に都合のよい面だけを見て、論理を組み立ててはいけません。論理を組み立てるときは、先読みによって、さまざまな展開を予想しなければなりません。「この近所にクリーニング屋がないから」と開店してみたら、同じ日にお向かいにも開店。これはよくある話です。

なお、次章からの上級コースでは、さらに強力な論理的必勝法をご説明していきます。内容が少し難しくなってきますが、一つずつ理解しながら読み進めていってください。

ちょっとひと息

❊男はつらいよ

「金の切れめが縁の切れめ、ってのはね、あれはね、解釈が逆なんだ。金が無くなると女に振られるって意味、じゃぁ無いんだ。男に金が無くなると、男は、ただおのずから意気消沈して、ダメになり、笑う声にも力が無く、そうして、妙にひがんだりなんかしてね、ついには破れかぶれになり、男のほうから女を振る、半狂乱になって振って振って振り抜くという意味なんだね」（太宰治『人間失格』）

《振られたら、理屈こねて自分を慰めるんだ。そんで早くあきらめようね》

❊くどき文句に使えるかなぁ？

トルストイは『クロイツェル・ソナタ』のあとがきで次のように書いた。

——純潔が放蕩に優るということは、誰ひとり非難するものがないのである。けれど『もし禁欲が結婚より優れているならば、人はまさにその優れたことをなすべきである。ところが、もし人がそれを実行するならば、人類は滅亡しなければならぬ。それゆえ、人類の滅亡が人類の理想となるということは、あり得べからざる話だ』とこういうのである。（トルストイ『クロイツェル・ソナタ』著者あとがきより　米川正夫訳　岩波文庫）

《純潔すたれて、なお子ども減る。妻は、ねえ、あなた、もう人類やめちゃったの？》

京大式ロジカルシンキング【上級コース】

5章

論理の落とし穴をふさげ

パラドックスの困難克服が達人への道

論理で解決できない問題を理解する

さて、いよいよ【上級コース】です。

論理には、論理で解決できない問題、論理的に考えても間違った結論になる問題があります。【上級コース】のこの章では、いわば論理の“病巣”を扱います。上級者はこのような問題に対する理解を深めておくと、次章でそれを実践に応用できます。

実際、論理にはさまざまな“病巣”が知られています。例えば、後の【番外コース】では、次のような問題についても触れています。

①「または」という基本中の基本でも、われわれの日常の使用法と異なるところがあります。

②「ならば」は、前提が偽の場合、いまだに論理学者の間でも論争が行われています。

また、前章でも「カラスのパラドックス」など論理学上の問題に触れました。「パラドックス」は「逆理」とも訳されます。この章ではさらに、いろいろなタイプの「パラドックス」と呼ぶべきような問題や、多少の「詭弁《きべん》法」について解説を行います。どうぞお楽しみください。

困った対偶

●勉強すると叱《しか》られる？

元が正しいとき、「対偶は必ず真」のはずです。「AならばB」の「対偶」とは、「BでないならばAでない」です。ところが、日常語の世界では、困ったことが起こる場合があります。上級コースの肩慣らしです。

> お母さんは困っています。息子のダイちゃんに関して、
> 「叱られないなら、勉強しない」
> という命題は常に真です。しかしその対偶は、
> 「勉強するなら、叱られる」
> これでいいのでしょうか？

見かけは簡単ですが、どう説明すればよいか困ってしまうのではないでしょうか。機械的に対偶を作ろうとしたら、こんなおかしなことになってしまったわけです。

この不思議な矛盾に関しては、論理が「時間」という要素を考慮しきれていないことが原因だと説明され

ています。

日常語の「ならば」には、時間的な前後関係が含まれていることがあります。時間の前後関係を見ると、「叱られる」が先で、「勉強する」が後です。対偶を作るときは、この点も考慮する必要があります。

この場合、「勉強しているなら、叱られた（からである）」とするのが、時間の前後関係を考慮した対偶だといえるでしょう。

「おなかが減ると、食事する」の対偶が「食事しなければ、おなかが減らない」となるのも、同様です。「食事をしないのは、おなかが減っていないからである」とするのが、時間的な前後関係を考慮した対偶の作り方ですね。

ウソつきパラドックス

●堂々めぐりの困った論理

それでは、もっと典型的な「論理のパラドックス」について見ていくことにしましょう。

> 次の枠内をお読みください。
>
> この枠内に書いてあることはウソである
>
> この文を信じるなら、書いてあることがウソだから、それを信じてはいけないことになります。
>
> 一方、この文を信じないなら、ウソではないのだから、ホントだと信じるべきでしょうね。

これは、「ウソつきパラドックス」と呼ばれるものです。だんだんと説明していきますから、まだ理解できなくてもかまいませんよ。

実は、「この枠内に書いてあることはウソである」のように、自分自身のことを述べる「自己言及」を行っていて、しかも「ウソ」といった「NOT」をあらわす言葉が入っていると、このような「パラドックス」がよく起こるのです。

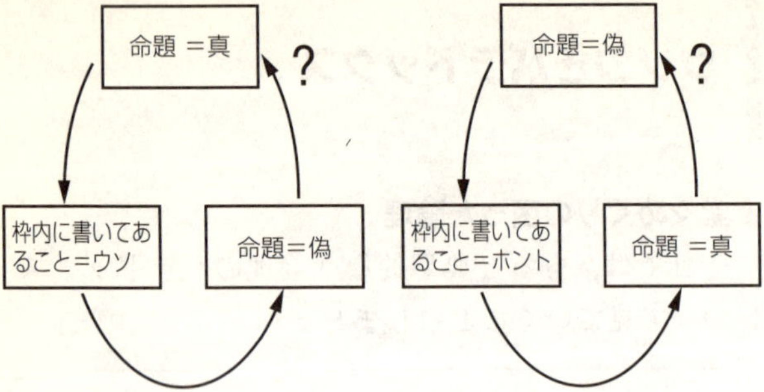

パラドックスが存在するため、**論理の問題でありながら、論理で結論を出せない問題がある**という困った事実を知らなければなりません。

「この枠内に書いてあることはウソである」は一見、まともな主張の形をしていながら、真偽の判断ができません。これがパラドックスです。

後の番外コースⅠ章では、この種の「ラッセルのパラドックス」によって、数学や論理学の体系が崩れるというお話をしています。よければ後でお読みください。

さて、「この枠内に書いてあることはウソである」という命題（らしきもの）に関して、「命題＝真」であると仮定して、この文がパラドックスであることを確かめてみましょう。

①「命題＝真」ならば、「枠内に書いてあること＝ウソ」
②「枠内に書いてあること＝ウソ」ならば、「命題＝偽」

「命題＝真」という仮定でスタートしたはずが、グルッと元に戻ると、「命題＝偽」になってしまい、矛盾が起こります。

一方、「命題＝偽」からスタートしてみましょう。

③「命題＝偽」ならば、「枠内に書いてあること＝ホント」
④「枠内に書いてあること＝ホント」ならば、「命題＝真」

この場合にも、「命題＝偽」という仮定でスタートしたはずが、グルッと元に戻ると、「命題＝真」になってしまい、矛盾が起こります。

与えられた命題を真と仮定しようが、偽と仮定しようが、どちらでも矛盾が起こって、結論が出ません。グルグル回るだけで、矛盾し続けるので、論理学では正式には命題と呼べません。

●２つの文で作るウソつきパラドックス

応用例として、次のような形でも、パラドックスを作ることができます。自己言及ではなく、「相互言及」の例です。「ウソ」という「否定」が入っています。

> 下の枠内に書いてあることはホントである
>
> 上の枠内に書いてあることはウソである
>
> 上の文を「命題１」、下の文を「命題２」として、考えてみましょう。「命題１＝真」として、スタートしてみてください。

やってみますと、

①「命題１＝真」ならば、「下の枠内に書いてあること＝ホント」

②「下の枠内に書いてあること＝ホント」ならば、「命題２＝真」

③「命題２＝真」ならば、「上の枠内に書いてあること＝ウソ」

④「上の枠内に書いてあること＝ウソ」ならば、「命題１＝偽」

というように、矛盾が起こりました。最初の仮定である「命題１＝真」が否定されたのです。

そこで、「命題１＝偽」からスタートしてみると、

⑤「命題１＝偽」ならば、「下の枠内に書いてあること＝ウソ」

⑥「下の枠内に書いてあること＝ウソ」ならば、「命題２＝偽」

⑦「命題２＝偽」ならば、「上の枠内に書いてあること＝ホント」

⑧「上の枠内に書いてあること＝ホント」ならば、「命題１＝真」

やはり「命題1＝真」という矛盾した結論が導かれてしまいます。

この文でも、堂々めぐりをするだけで、結論が出ません。つまり、命題と呼べず、パラドックスですね。

●「消去法」や「背理法」が使えない

上の2つの例で注目していただきたいのは、パラドックスの世界では、「消去法」や「背理法」という証明法が使えないということです。

まず消去法をご紹介しましょう。

〔消去法〕

AまたはBである

Aでない

ゆえに、Bである

というのが消去法です。

ところが、前記の2つの例題とも、「命題が真または偽である」と仮定できます。そして推論してみると、まず「命題が真でない」と結論されます。よって、消去法を使うと、「命題が偽である」という結論を導いてしまいそうになりますが、「命題が偽である」の側も成り立たないのです。

なお、消去法は、「AまたはBまたはCまたは……である」とたくさん並べてもかまいません。大勢の容疑者の中から、たった1人の真犯人を見つけるという推理小説でよく使われますね。

さて、「背理法」もよくご存じと思いますが、ご説明しておきましょう。「Aである」と証明したいとき、

〔背理法〕(「Aである」と証明したい)

Aでないと仮定する

そのもとで1つでも矛盾を示す

ゆえに、Aである、として終わる

背理法は非常に強力な証明手法です。例えば、

「素数は無限個ある」

「無理数は循環小数で表せない」

「実数は順番に書きくだすことができない」

など、ほかの証明手法では決して証明できないような問題を証明できます(最後の例は「対角線論法」という背理法を使います)。

先ほどのパラドックスの例では、消去法と同じ証明になってしまいますが、背理法を使ってもやはり無力です。まさに「論理の落とし穴」ですね。

●有名なパラドックスの例

その他、古くからあるパラドックスなど、有名な例をいくつかご紹介しましょう。

> クレタ人はみんなウソつきだ、とクレタ人がいった。

このクレタ人自身はウソつきなんでしょうか、決してウソをつかないんでしょうか。わからなくなります。

この言葉は、クレタのエピメニデスによるとされていますが、ギリシャのエウブリデスだとする説もあります。また、聖書にパウロ書簡「テトスへの書」としてあらわれます。ただし現在は、この書は彼の弟子が書いたと思われています。

クレタ文明は紀元前2000年ごろから栄え、ギリシャと仲が悪かったようです。紀元前1500年ごろ、ギリシャによって滅ぼされてしまいました。

> 「例外のない規則は存在しない」

という規則は正しいでしょうか？

この規則を「真」と仮定すると、この規則自体にも例外があることになり、「例外のない規則が存在する」となります。

一方、「偽」と仮定すると、例外のない規則はもともとたくさん存在しますし、矛盾が起こっているわけではありません。

これを命題と見るかぎりは、厳密な意味では、現代論理学上のパラドックスではありません。「偽の命題」だというだけです。ただ、自己言及と否定がありますし、世間的にはパラドックスの一種だと考えられることが多いのです。

なお、上級コースを超えますが、これを「規則」だと認めて、「規則」という集合（例えば六法全書です）の中に含めると、その体系自体が崩壊の危機に直面します。つまり「規則として認める」という行為とセットにすることによって、いろいろ困った問題が発生します。

【ゼノンのパラドックス】

①飛んでいる矢は止まっている

矢は飛んでいますが、それぞれの瞬間ごとを考えますと、矢は空間のどこかの位置にいます。時刻さえピタリと決めれば、矢は動いているのではなく、静止しているのです。

そのような時刻を小刻みに変えてみても、いつも静止しています。そうすると、あらゆる瞬間において、矢は静止しているはずですね。

すなわち――矢は飛んでいる間、ずっと静止しています！

②実在は１つである

実在がもし多数あったとして、それはあるだけちょうどしか存在しないから、その数は一定「有限」とみなすべきです。

しかし、それら多数の実在と実在とが分かたれているなら、それらの間には別の実在が存在するはずです。そうでなければ、それらは２つではなく１つのものになってしまうからです。

では、間に存在する実在とも分かたれているべきだと考えることができますから、これを繰り返すと、実在の数は「無限」となります。

よって、もし実在が多数であるなら、その数は「有限」にしてかつ「無限」であるという矛盾した帰結が生じます。

ゆえに、この前提は誤っていて、実在は１つです。

ギリシャの哲学者ゼノンは、①のようなパラドックスを４種類考えました。「アキレスはカメに追いつけない」など、「動のパラドックス」です。それらは「ゼノンのパラドックス」といって有名です。微分積分学を知っていると、この推論がおかしいことがわかります。

また②は、彼の「多に対する反駁《はんばく》」として知られているパラドックスの例です。ただし、推論のあちこちがおかしいことをわかっていただけるでしょう。

その村の理髪師さんは、自分でヒゲをそらない人のヒゲはすべてそります。しかし、自分でヒゲをそる人のヒゲはいっさいそりません。

では、彼は、自分のヒゲはどうするのでしょう？

これはお遊びみたいなパズルですから、ご自分でお楽しみいただく程度にしておきましょう。私は「彼は」という言葉をはずして、「理髪師は女でした」というひっかけクイズに仕立てたことがあります。

その他、古来から有名なパラドックスの例を、私の『頭がよくなる論理パズル』と『頭がよくなる論理パズル　パワーアップ編』（PHP文庫）にも収録しておきました。後者の本は、自分でも特に傑作と思っているパズル本です。機会があればお楽しみください。

循環論法というパラドックス

パラドックスという言葉は、もっとゆるく解釈して使われることがしばしばあります。「誤った推論のはずだが、どう反論してよいかわからない論理」といった意味にです。

その中には、「循環論法」というタイプもあります。議論が堂々めぐりをしているだけ、という推論です。哲学者や神学者の論法などにしばしばまぎれ込みます。

【デカルト】
われ思う、ゆえにわれ在り。

デカルトの有名な言葉ですが、「われ思う」の前提として、われが「存在」していなければなりません。そこから、われが「存在」することを導いています。存在を暗黙に仮定してから、存在を導いたのです。

このような論理上の誤りを、「論点先取の虚偽」と呼ぶことがあります。ところが、カントやヘーゲルにも受け継がれたといいます。

ただ、高度な哲学上の問題ですから、表面的な論理だけでは議論しきれません。「自己」や「個人」という概念の確立とも関係があるわけです。証明は間違いだが、主張したことは重要だ、という場合があるのが現実世界ですね。

> 神が存在することは、神が書かれた聖書に明記されています。したがって、これは神が存在する動かぬ証拠となります。

この例では、「神が書かれた聖書」というところに、「神の存在」が前提されていますね。

> 私はあなたが好きなのよ。
> だから、あなたも私を好きになってね。

これは循環論法ではありません。「AならばB」型の推論で結論される命題ではないというだけです。

> 貨幣は貨幣であるがゆえに貨幣である。

「貨幣である」を前提として、「貨幣である」をふたたび導いています。この形の論法は、すべて循環論法です。ところが、しばしば見受けます。「私は私だから私なのよ」など、興奮すると口走ってしまったりして。

なお、「そこに山があるから登るのだ」は、循環論法にはなっていません。永遠に謎《なぞ》の理由だというだけでしょうね。

【ある国語辞典から】

両生類：カエルなどのように……。

カエル：両生類の一種であり……。

ところで、国語辞典をいくつか調べてみると、「国語辞典」という項目のないものが、かなり多いですね。「私はいったいだれ？」という状態ですが……。

三段論法の応用形「両刀論法」

「両刀論法」は、三段論法（番外コースⅡ章で解説します）の応用形です。まったくといっていいほど実用性がありませんが、ちょっとおもしろいので、ついでにご紹介しておきましょう。

かつてアテネが乱れたとき、いまこそ世に出ようという息子をいさめて、母親がいいました。
「もしお前が正直なら、お前は大衆に裏切られるだろう。また、もしお前が不正直なら、お前は神に裏切られるだろう。どちらにしても裏切られるのだから、世に出るのは思いとどまりなされ」
どうしても世に出たい息子は、この母親に、どう反論したでしょうか。

「両刀論法」は、
（第１段）AならばC
（第２段）BならばC
（第３段）AまたはBならばC
として、「結論は必ずCになる」というものです。

いまの例では、A＝「正直」、B＝「不正直」、C＝「裏切られる」です。つまり、

（第1段）「正直」ならば「裏切られる」

（第2段）「不正直」ならば「裏切られる」

（第3段）「正直」または「不正直」ならば「裏切られる」

となっています。ところで、いまの例に出てきた息子は、うまい「詭弁」によって、母親の説得に説得しました。

「もし私が正直なら、私は神に裏切られない。また、もし私が不正直なら、大衆に裏切られることもない。どちらにしても、裏切られることはない」

両刀論法に類似したパラドックスをご紹介しておきましょう。

アラビア兵の隊長が、ユダヤ人を詰問しました。

「おい、ユダヤ人、お前自身について話してみろ。カリフ様のご命令だ。ただし、お前がウソをつけば銃殺になる。本当のことをいえば絞首刑になる。さあ、早くいえ。ワッハハッハ」

そこで、ユダヤ人が答えたことには、

「私はこれから銃殺されるでしょう」

ところが、カリフを筆頭にして、アラビア人たちがみんな頭を抱え込んでしまいました。なぜで

しょう？

どちらにしても「殺される」ので、一見、両刀論法に見えますが、「銃殺になる」と「絞首刑になる」が異なりますので、両刀論法ではありません。

まず、「私はこれから銃殺されるでしょう」を真だと仮定してみましょう。しかし約束では、真だと絞首刑にされるべきですので、この言葉は偽だと結論されます。

一方、この言葉を偽だと仮定してみましょう。すると銃殺にしなければなりません。しかし、銃殺すると、この言葉が真になってしまうので、最初の約束に反してしまいます。

よって、ここにパラドックスが発生しています。

深夜までアラビア人たちが困り果てているうちに、彼はまんまと脱走してしまったそうですよ。この話は、ユダヤ人のジョークとしても伝えられています。

なお、前提を３つにしたとき「三刀論法」、４つにしたとき「四刀論法」などと呼ぶ人もいます。

無限という幻想

●封筒の交換ゲーム

さて今度は、少し変わったパラドックスを考えましょう。自己言及型とは異なるもので、「無限」が関連することが多い問題です。論理の本にはほとんど載っていません。なお、パラドックスでない形にした問題を、番外コースの301ページに出題しておきました。

封筒の交換ゲームです。対戦するのは、あなたとBさんです。

ゲームの主催者によって、封筒が２つ用意されました。一方の封筒には、もう一方の封筒の２倍の金額が入っています。

中身は、１万円、２万円、４万円、８万円、16万円……、のいずれか、つまり、２倍になりながら増えていく無限の金額のどれかです。

あなたが封筒の中を見ると、８万円が入っていました。あなたとBさんの２人ともが希望すれば、封筒を交換できるのがルールです。あなたは封筒を交換すべきでしょうか？

とりあえず、「交換する」のが正しい選択でしょう。

なぜなら、相手の封筒は４万円、あるいは16万円ですから、これを平均すると「10万円」。交換したほうが、儲《もう》かる可能性が高くなります。

そして、Bさんも理知的なら、同様に考える可能性が非常に高いでしょう。彼が４万円の封筒を持っていようと、16万円の封筒を持っていようと、交換後の期待利得を計算すると、交換すべきだと結論するはずだからです。

しかし、この答えを聞いて、何だか変だと思いませんか？　「お互いに交換したほうが得」ってことが本当にありうるのでしょうか。実際に封筒を交換した場合、「一方が得」をしたら「もう一方は必ず損」をします。つまり、**論理的に出した結論が現実と食い違っていることがある**ということです。

この問題も、広い意味でのパラドックスと呼ぶことができるでしょう。では、どうしてこんなことが起こったのでしょうか？　論理的な結論と現実とがどうして食い違ってしまったのでしょうか。

もしも「無限」という“幻想”を前提してしまった

としたら、この種のパラドックスが、実世界でもしばしば起こります。

例えば、「土地は必ず儲かる」とか、「もはや不況はなくなって、経済は成長し続ける」という論理によって、深刻なバブル経済現象が発生しました。そのときの世相は、この問題の設定とよく似ていた部分があるでしょう。

ただ、たとえ封筒の種類が有限だったとしても、たくさんの封筒があるなら、これと同じ推論をする人が多いでしょう。だから、「無限」が真犯人だとはいいきれない問題です。

有限の範囲の真ん中より小さければ交換、大きければ交換しない、などとしても無駄なことです。いつも真ん中より小さい金額を入れておくことにすれば、2人とも「交換」と判断し続けるでしょう。

何が悪いのでしょう？

「現在から推測した未来」と「現実に訪れる未来」にはギャップが存在する、というのは鋭い指摘でしょう。「未来は知りえない」という前提を無視することによって、このようなパラドックスが発生しました。ただ、その論理的根拠はあいまいです。

一方、「確率論の体系には課題がある」というのも鋭い指摘です。物理学に確率解釈を持ち込んだ量子力学に関しても、いまだに論争が絶えません。いろいろ難しいんですね。

●無限信仰でみんな儲かる？

封筒の交換ゲームやバブル経済と同様、「無限」を実世界に持ち込むと「みんな儲かる」という幻想が生まれます。

その典型は、ネズミ講です。ネズミ講は、法律用語でいうと「無限連鎖講」といいます。まさに「無限」によって、幻想を抱かせようというものです。日本では、1978年に制定された法律で禁止されました。それでも類似した悪徳商法が出てくるので、その後も改正が加えられています。

ネズミ講では、ネズミ算式に会員を増やしていきます。先に入った親会員は、後から入った子会員や孫会員の納める入会金の中から配当を受けられるというのが、ネズミ講の基本ルールです。ネズミ算は指数関数的な計算ですから（「組み合わせ爆発」といいます）、あっという間に必要な会員数が激増します。会員が増えれば、配当も莫大、だれでも簡単に儲けられるということになりますが……。

しかし、実世界を考えてみれば、そんなことはありえないことがすぐにわかります。実世界には、無限に

人間がいるわけではありません。仮に1人が4人の子会員を集めるとすると、

4^{14}＝約2億7千万

たった14代目で、その世代の人数は、日本の人口の倍以上にふくれ上がってしまいます。しかも日本には、赤ん坊や子どももいますし、当然ネズミ講なんかやらない人のほうがたくさんいます。破綻《はたん》するのが目に見えているのです。

このような仕組みで、「みんなが儲かる」などというのは、幻想にすぎません。だれかが儲かれば、だれかが損をする、これがゆるぎない実世界の法則なのです。

このような問題を扱うとき、「ゼロサム」という概念が非常に有効です。「総和がゼロ」という意味です。だれかの儲けと、だれかの損失をすべて足し合わせると、結局ゼロだということを、しっかり認識するのです。

封筒の交換ゲームは、明らかにゼロサムでした。つまり、一方が得をすれば、他方が損をする、というゲームにすぎないのです。ただ、自分が得をするか損をするかは、未来のことだから判定できないという問

題でした。

ネズミ講も明らかにゼロサムです。入会金が何ら利益を生み出しているわけではありません。連鎖の上位にいる人たちだけは、儲ける確率が高いですが、その利益は、下位の人たちの損失としてはね返ってくるに違いないでしょう。決して手を出してはなりません。

投票のパラドックス

●順位関係が崩れる

「ならば」という論理に似ている関係に、「大なり」の論理があります。「A>B」という記法を使いますね。

例えば、

A>B　かつ　B>C　ゆえに　A>C

とだれしも考えたくなるでしょう。しかし、そこにパラドックスがあらわれることがあります。例えば、投票のときになどです。

次期取締役を投票で決めることになりました。候補者はA、B、Cの３人で、この中から１人が選ばれます。

投票権を持つのは、会長、社長、大株主の３人。それぞれの推薦順位は下表のとおりで、まさに三者三様、バラバラです。

投票を行った結果、案の定、A、B、Cがそれぞれ１票ずつ獲得し、決着がつきません。それなら

順位	会長	社長	大株主
1	C	B	A
2	A	C	B
3	B	A	C

　ということで、今度は、AとBの２人について投票を行い、その勝者とCが戦うことになりました。

　この方法だと、だれが取締役に選ばれるでしょうか。また、この方法は、十分に合理的な選出方法だといえるでしょうか？

　合理的な方法とはいえません。

　AとBの２人に対する投票では、

・**会長………A**

・**社長………B**

・**大株主……A**

　と投票するはずです。社長と大株主は自分が考える第１順位に投票します。会長だけは、第２順位のAと、第３順位のBとを比べて、Aのほうがましだと考えるのです。

　この結果、Aが２票を獲得し、１票だけのBに勝ちます。これを、

　A>B

と書いてもいいでしょうね。

さて、AとCに対する投票では、

・会長………C

・社長………C

・大株主……A

と投票するはずです。会長と大株主はそれぞれの第1順位に票を投じ、社長だけは第2順位のCと第3順位のAを比較せざるをえませんでした。

この結果、Cが2票を獲得して選ばれます。これを、

C>A

と書いてもいいでしょう。

手続きはとても民主的です。そして、

C>A　かつ　A>B

ということですから、三段論法と同じで、

C>B

と考えてもよいだろう、とほとんどの人が思いかねません。

しかし、ちょっと試してみましょう。BとCとで多数決をとり直してみるのです。このとき、

・会長………C

・社長………B

・大株主……B

となるのに気がつくでしょうか。3人の投票のしかたは、これまでとまったく同じです。そして、

B>C

という結果が出てしまうのです。つまり、前2回の投票から推理した結果と異なっていて、矛盾が生じています。

これを「投票のパラドックス」と呼んでいます。議会など民主主義の場で実際に発生することがあります。ひどいときには、何段階も票決を続けていったが、後でよくよく考えてみると、それは「最悪の結論」だったということさえ起こりかねません。

例えば、党首を選ぶ場合など、最大派閥のAさんをつぶすために、ほかの派閥が結託してBさんを推して、Bさんが残る。次にBさんをつぶすためのCさんが登場し、Bさんが敗退。そのCさんもつぶされ、結局最後に残るのは、もともとだれも注目していなかったDさん。こんなことが現実に起こっているのです。

なお、このような投票のパラドックスに対処する方法については、6章でもう一度考えることにします。

●厳密な論理の追求が最悪の結果に

人間の脳の神経細胞であるニューロンは、このよう

な多数決を一般化したような機能を持っていることが、広く認められています。一生懸命いちばんよい方法を考えたつもりが、最悪の結果を招くことがないわけではありません。

人類全体でも同様です。それぞれの国が、自国の論理によっていちばんよい方法を考えたはずが、最悪の結果、例えば世界最終戦争に突入するなんてことになりかねません。このような高度な判断ができるようになれば、まさに論理の上級コースをマスターした人になれることでしょう。

「厳密な論理の追求が最悪の結果に」という極端なケースとして、次に「ムカデのゲーム」という論理パズルをご紹介しましょう。

A氏とB氏は、互いに協力し合わず、自分の利益ばかり求めます。

交互にイエスかノーの決断をし、賞金を獲得するゲームをしました。どちらかがイエスといった時点でゲームが終わります。ルールは図のとおりで、2人ともそれを知っています。

この図で例えば、第1回目でAが「イエス」といえば、ゲームはそこで終了。獲得賞金はA、Bともに1ドルずつです。第1回目でAが「ノー」といい、第２回目でBが「イエス」というと、Aは0ドル、Bは３ドルです。最後まで２人とも「ノー」といい続ければ、A、Bともに100ドルずつもらえます。

さあ、２人が獲得する賞金は、いくらずつになるでしょうか。

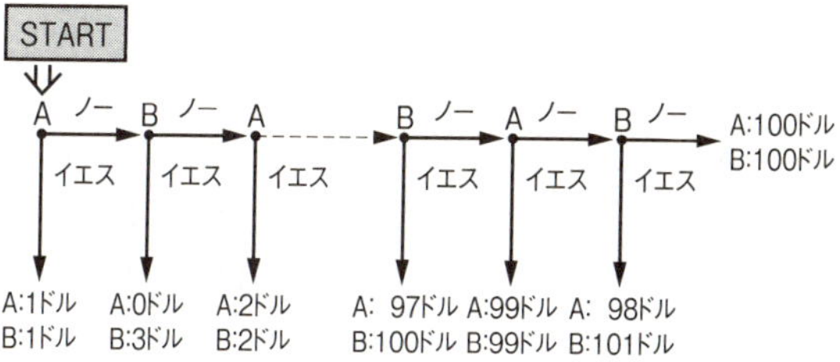

A、Bともに１ドルずつになります。

図を見ると、２人とも「ノー」といい続けると、100ドル近くもらえそうなゲームです。ところが、そうは問屋がおろさない、というのがこのゲームなんです。

一般に対戦型のゲームで作戦を練るとき、「先読み」するというのは重要な方法です。この問題でも、最終回まで進んだと仮定して、そこから逆に考えるという先読みを行ってみましょう。

A氏とB氏は互いに協力し合いませんから、最終回でB氏は必ず「イエス」といいます。なぜなら、最終回でB氏がもらえる金額は、「イエス」なら101ドル、「ノー」なら100ドルで、「イエス」のほうが1ドル多いからです。

この決定を先読みできれば、A氏は最終回の1回前で「イエス」というはずです。なぜなら、「ノー」といって最終回に進むと、B氏が「イエス」というので、A氏は98ドルしかもらえません。その1回前でゲームを終わらせれば、A氏は99ドルもらえるからです。

この方法で考えてみてください。A氏による99回目の決定を前提にすると、B氏は98回目に「イエス」というべきだと判定します。そして、このようにして「イエス」という回がどんどんさかのぼっていき、結局、第1回目にA氏が「イエス」といって、ゲームが終わるということになってしまいますよ。

ファジー論理

論理におけるパラドックスなど、困った問題を考えていると、真と偽、０と１などという「デジタルの判定がいけないのだ」とか、「０と１の間も使うべきだ」と思われるかもしれません。

コンピュータは０と１で偽と真を表現しますが、それと異なる「ファジー論理」という体系があります。０から１までの実数値をすべて使うことを許す論理です。例えば、「犬は忠実である」という命題のファジー論理値は0.7であるというように。

ただし、実数値を使った論理の体系は、０と１の論理ほど優れたものを作れていません。いろいろな問題ばかり起こって、信頼に足るほどの論理体系を構築できないのです。ファジー論理もその例にもれません。

ファジー論理では、

AかつB＝AとBの値のうち小さいほうの値

AまたはB＝AとBの値のうち大きいほうの値

Aでない＝１－A

と決めています。

もしもこの規則を０と１という値しかとらない場合に適用したとしましょう。すると、従来の論理の真理値表とまったく同じになる、とすぐにわかります（番外コースⅡ章を参照してください）。つまり、従来の論理の拡張と考えやすい規則になっているのです。

さて、このファジー論理で、「老いも若きも」という表現を考えてみましょう。「老いていて、かつ若い」人ではないことに注意してください。「老いているか、または若い」人という意味です。

「若い」と「老いている」のそれぞれを、０から１までの実数値を使って、例えば図のようなグラフで表現してみました。０と１だけの論理よりも、ずっと柔軟なものに見えることでしょう。

さて、「または」の論理ですので、「若い」というグラフと、「老いている」というグラフを重ねて、大きいほうの値ばかりをつないで、新たなグラフを作ります。それが「老いも若きも」のグラフになるはずです。

作ったグラフをごらんください。「中年」あたりがへこんだままになっているでしょう。一方、われわれの語感では、「老いも若きも」は、「老人から若い人まで全員」の意味のつもりなんですが。

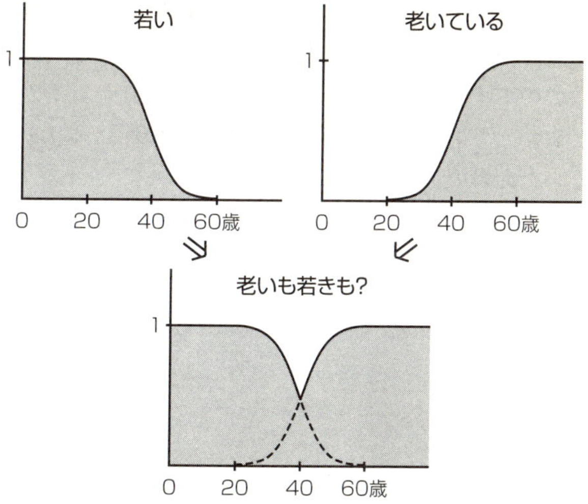

これはごく簡単な例ですが、このような問題が非常にしばしば発生するのが、ファジー論理という体系です。海外ではファジー論理は理論上あまり評価されてきませんでした。また、これを超える論理体系を理論化することもできませんでした。

一方、日本人はファジー論理を好むようで、工業的な応用などにも使われてきました。ファジーな扇風機とか、ファジー制御を行う地下鉄などのように。工業的応用ですので、たいした問題が起こらないような範囲で応用したにすぎませんでしたが。

０と１では問題が起こることがあります。一方、ファジー論理などでそれを拡張したら、もっと問題が多いのです。論理にはそのような「限界」があるのだとおわかりいただけましたら、上級者の仲間入りをしていただけたことになるでしょう。

パラドックスから得られる教訓

上級者として、この章のさまざまなパラドックスなどから、何を学ぶべきでしょうか。「論理の限界」を知っていただきたいのはもちろんです。あるいは、これを詭弁に使ってみようという人もいるかもしれません。

最も基本的なパラドックスの形は、「自己言及」と「否定」によるものでした。それだけは覚えておいてください。

そして、この２つを組み合わせると、「自己否定」になるのだとお考えください。すなわち、もしも「自己否定」ができるほどの論理の達人になったとしたら、あなたは真に上級コースをマスターしたといってよいでしょう。

論理というのは、厳密です。非常に厳しいものです。その厳しさを、自分自身にも適用して、自己の論理を常にチェックしていただかなければなりません。それでもあなたの論理が生き残るのなら、あなたはまさに上級者だというわけです。ただし、この表現は処世訓の一種であって、論理のうえでは詭弁のようなものです。論理学がこのような生き方を教えてくれるわけではありません。

ただ、実世界であなたが長く生きて、厳しい思索を続けた結果、ある日突然、これと同じ結論にたどり着くかもしれません。そのときには、それを信じられたらよいと思います。生き方としては非常に立派ですから。

なお、「リシャールのパラドックス」など「対角線論法」を必要とする問題に入り込んでいくと、現代論理学のさらに深層に到達することができます。ただし、専門家のレベルに近いです。

また、ご興味があれば、さらに「ゲーデルの不完全性定理」や「チューリングの計算理論」まで進んでいただくと、数学上の達人に近づけます。

それでは次章では、いよいよ最上級の逆転論法についてお話ししましょう。ピンチをチャンスに変える方法ですよ。

ちょっとひと息

❊『悪魔の辞典』の「好み」の項より

古代のある哲学者が、生は、死と同様、取るに足らないものだ、という確信を説いて聞かせたところ、それではなぜ死んでおしまいにならないのですか、と弟子の１人がたずねたので、答えて曰く「死が、生と同様、取るに足らないものだからだ」。（ビアス『悪魔の辞典』西川正身選訳　岩波書店）

《恋の10年後もとるに足りない？　いや、死より苦しいんだ》

❊落語『三方一両損』より要約

男Aが三両落とす。男Bが拾って届ける。Aは落とした金は受け取れないといい、Bは金が欲しくて届けたんじゃないと、これも受け取らない。そこで、大岡越前守が登場。名さばきとなる。「Aが受け取れば三両、Bももらえば三両、越前も二人がいらないといえば三両となる。これに一両加え、両人に二両ずつほうびをつかわす。よって三方一両損だ」

《近ごろは三方百両損だ。損失がどんどんふくらんじゃってよォ！》

❊『侏儒の言葉』の「機知」の項より

機知とは三段論法を欠いた思想であり、彼等のいわゆる「思想」とは思想を欠いた三段論法である。（芥川龍之介『侏儒の言葉』）

《「あなた、出版社からよ。三段論法だけじゃボツだって」》

京大式ロジカルシンキング【上級コース】

6章

戦略的攻撃術でピンチをチャンスに変えよ

《戦略的超思考法》で一発逆転！

戦略的超思考法は百人力である

いよいよ3段階コースの最終章に入ります。京大式ストラテジックオフェンス法は、上級コースの最終到達点です。危険なほどに強力な技法です。「ストラテジー（戦略）」に基づく論理思考により、「オフェンス（攻撃）」を行うという技法です。

決して生兵法のレベルで用いるべきではありません。それをご注意申し上げておかなければなりません。京大式の最終到達点ですから、番外コースを含めて、この本全体の科学的な方法を十分にマスターしてから、その効果を試すようになさってください。

また、ハイパーマップ法などを使って、あらかじめ十分にシミュレーションを行うようにしてください。そして、確立した戦略を、応酬論法の新しい秘けつとして登録していってください。3つの方法を総合的に使用することによって、あなたの論理思考力はいっそう強固なものとなっていくことでしょう。

ここでは、「戦略」という生臭い言葉を強調して、「戦略的超思考法」と呼ぶことにしました。ロジカルシンキング法のうち、最もスリリングなものです。発想の転換によって、不利な状況を急転直下、逆転し、勝負を一気に有利に展開するという意味を込めています。実践レベルでの、すさまじいほどの「一発逆転の論理」「死中に活」の方法をお楽しみください。

●100人中99人が「ノー」だとしても勝てる

初級コースで述べた「MECE」や「So What ?」は、いわば「一人前」の論理思考力をつけるための技法でした。新入社員さんなどの初心者用です。このくらいのことをできなければ、この社会を生き抜くための基本能力さえ持っていない、というレベルです。

一方、中級コースで述べた「ハイパーマップ法」や「応酬論法」は、使いこなせるようにさえなれば、論理力として「十人力」以上の力をあなたにつけてくれるでしょう。つまり、たとえ10人を相手に回したとしても、あなたが勝てるかもしれないというレベルです。

そして、本章の「戦略的超思考法」の場合は、100人のうち99人が「ノー」という状況下で、あなただけが「イエス」といい、しかもあなたのほうが正しかった、というほどのレベルです。非常に高度なロジカルシンキング法です。

まさに「百人力」レベルの論理思考技術を集成した究極の技法だといってよいでしょう。それゆえに、非常に危険でもありますので、あなたの「人間力」を磨くことにも努力して、そのうえで利用していただきたいと思います。

また、真に百人力のレベルに到達すれば、人それぞれに異なる技法を身につけているものです。その点で、この章で述べるのは、「百人力への道」のおおまかな道案内であることをご理解ください。

たとえ道案内だとしても、そこで用いている発想法は、非常に高度なものです。一つひとつに驚かれることでしょう。このような手法を、実践の中で発見していくことが、戦略的超思考法の目指すところです。

そして、そこへ近づく最高の道具は、3章で述べたハイパーマップ法だとお考えください。

●先進国と途上国のデフレ

さて、100人中99人が「ノー」というレベルとは、どれほどの論理的能力でしょうか。一例として、次のような「デフレ」の問題を考えてみましょう。

【先進国と途上国のデフレ】

A国は先進国で、生産コストが高いです。一方、B国は新興国で、生産コストが圧倒的に低いです。

同じ品質の製品に関して、両国の生産コストを比較すると、表のようです。非常に大きな差がついています。

	衣料品	テレビ
A国	1000円	20000円
B国	100円	10000円

この状態で、互いに貿易を行うと、A国はきっとひどいデフレ状態に陥ることでしょう。

ただし、A国側からの政治的圧力は考えず、一貫して自由貿易状態であるとします。

では、B国はインフレになるのでしょうか、それともデフレになるのでしょうか？

デフレになります。

B国側は、インフレになりそうに見えますが、コストの高い製品を輸入する必要などありません。いっさい輸入しなければ、現状維持ですから、インフレという選択肢はすぐに除かれます。

両国は考えます。A国側は、衣料品のコストが10倍、テレビのコストが2倍です。そこでA国は、「まだしもテレビを生産するのがましだ」と決定しました。一方、B国は「衣料品に生産を集中する」と決めました。

そして、両国はよい方法を思いつきました。交渉によって、

「テレビ１台に対して、衣料品50枚」

という物々交換条件で、互いに貿易を行うことに決めたのです。

すると、A国側では、テレビ１台分の２万円で、１枚1000円の衣料品を50枚入手できます。衣料品のコストが、５万円から２万円に下がったのと同じ効果です。

一方、B国側では、１枚100円の衣料品50枚で、国内生産コスト１万円のテレビ１台を入手できます。つまり、テレビが１万円から5000円に下がったのと同じ効果です。

その結果、両国ともに、劇的に価格低下するという現象が起こりましたとさ。

驚くような結果ですね。ここではパズル問題に仕立てましたが、実際には自由経済のもとで、両国間で徐々にこのような「分業体制」が進行していきます。そして両国ともに、価格低下が進行していくのです。

ただし、価格が下がったからといって、単純にデフレと呼ぶのは間違いです。「通貨量の収縮を伴う価格低下」が、真のデフレの定義です。この点を世の中では誤解していることが多いのです。

このパズルのような現象は、「グローバル化の効果」だとみなすことができるでしょう。グローバル化時代の経済の底流にあるのは、価格低下だということです。もちろん、原油価格の急騰や、途上国での賃金上昇など、インフレ要因が存在することは否定しませんが、それでも大きな基調は価格低下だということです。一方、B国の通貨の為替レートが上がるのは、B国にとっては輸入品のデフレ要因です。このように、新興国側にも複数のデフレ要因があります。

かつて、アインシュタインは、経済学者のサミュエルソンに向かっていいました。

「経済学の定理は、ほとんどが自明だね。自明でない定理なんてあるのかね」

すると、サミュエルソンが考えをめぐらせながら答えました。

「1つあります。リカードの〈比較生産費説〉ですよ」

リカード（1772－1823年）というイギリスの経済学者が考えた「比較生産費説」こそが、たったいまここで述べた理論でした。かつてのイギリスとポルトガルの貿易を考えて、このような理論化を行いました。

この理論は経済学部で普通に教えているはずですが、

意外な結論をもたらしますので、理解度の低い学生が多いようです。そして、そのまま教授になってしまったりとか……。

ただ、ハイパーマップ法などを使ってこの問題を考えていくと、やがて正解に達する人が少なくないはずでしょうね。衣料品どうしの比較ではなく、衣料品とテレビを比較するところまで考えればよいだけです。実際に試していただくと、人間のイメージ力の強力さをおわかりいただけるでしょう。

●戦略的超思考法をマスターする秘けつ

さて、戦略的超思考法が目指す最終目標は、このデフレのパズルほど高度なレベルです。大学教授クラスのインテリでも間違えてしまいそうな、高度な論理的判断です。ただし、普通の人でもきっとこのレベルに到達できるのです。

その秘けつをお話ししましょう。まったく簡単です。**「論理は真と偽、1と0、つまり2通りしかない」**という単純きわまる性質が最大の秘けつなんです。ファジーな中間なんてありません。たった2通りしかないから、**他人が考えない側を考える努力が必要なだけ**なんです。

もしもみんなが「ノー」だといったとしましょう。あなたは単に「イエス」の方法を考えるだけです。求めるべき答えが1つに決まっています。だから、意外にやさしいのです。そのやさしさを理解できたなら、あなたはやがて上級レベルに到達できるでしょう。

大学教授クラスでも解けない問題など、普通の人にはとうてい無理だと思われるかもしれません。しかし、大学教授のようなインテリさんは、実世界に生きていないことが多いのです。

「おい、ちょっと〈実印〉というのを買ってきてくれんか」

大学にいて、かつての“最高傑作”はこれでした。

「実印って、自分の使っているハンコを役所で印鑑登録するだけなんですけど」

このように実世界から縁遠いとしても、大学の研究者は一般に「過去」には詳しいものです。過去の理論はよく知っています。ただ、ごく狭い自分の専門分野だけを見ていて、外国で出た論文の改良を繰り返している人がほとんどだという弱点があります。

ですから、インテリさんが実世界より弱いのが、案外「未来」についてかもしれません。大学でお年寄りに「未来予測」を求めると、意外なことに答えをあいまいにごまかすか、陳腐な意見を返す人がほとんどです。未来については、平均レベルかそれ以下かと思える人にがっかりさせられるのが、大学で観察してきた正直なところなのです。

ですから、一般の人であったとしても、真剣に論理思考を実践すれば、いわゆるインテリさんたちよりずっと優れたアイデアに到達するのは、そんなに難しいことではありません。要は、**柔軟に考え、実世界について広い視野を持つ**ということです。大学教授の欠点を補うような思考法をすれば、皆さんの論理力のほうがどこかで勝利することでしょう。

99人が「ノー」といいました。そこへ突然、あなただけが「イエス」といいました。そして、あなたの考えの正しいことが、みんなにわかったとしましょう。

それを心に強くイメージしてみてください。その状態に到達するのが、戦略的超思考法です。一生に一度できただけでも、何とうれしいではありませんか。

●消去法で一発逆転

それでは、論理パズルで試してみましょう。ヒントは消去法です。論理の基本どおりですよ。

ゴロウくんは高価なゲーム機を買ってもらいたがっていて、あまりのしつこさに、お母さんはウンザリしています。ある日、お母さんはいい手を思いつきました。

「ゴロウ、たった１回だけチャンスをあげるわ。この袋の中に99個の『茶色』のチョコボールと、たった１個の『金色』のチョコボールを入れるわよ」

「うん」

「中を見ないで、お前が『金色』をとったら、ゲーム機を買ってあげるわ。そのかわり、『茶色』をとったら、もうあきらめなさいね。二度というんじゃないわよ」

ゴロウくんは目を輝かせましたが、後ろを向いたお母さんが、「金色」のチョコをポケットに隠し、「茶色」のチョコだけを100個入れるのを目撃してしまったのです。

これでは「金色」をとれっこありません。100分の１のチャンスさえないのです。さあ、このピンチを切り抜け、ゲーム機を買ってもらう名案はあるのでしょうか？

消去法を思い出してください。消去法とは、

A または B である

A でない

ゆえに、B である

という証明法でしたね。ゴロウくんはこの証明法を

応用して、お母さんとの勝負をものにしたのです。
ゴロウくんは、袋の中からチョコを1個とり出すやいなや、それがどちらの色だったか見せもせず、即座に口に放り込んで食べてしまいました。
「ゴロウ！　そんなことしたら、もう色がわからないじゃないの」
「大丈夫、金色だったよ」
「まさか！」
「袋の中を見てごらんよ。茶色が99個残ってるはずだからさ」
お母さんは、冷や汗タラリ。しぶしぶゲーム機を買ってやらざるをえませんでした。

残ったチョコボールを検査することによって、「Aでない」を確認させ、消去法的に「Bである」を立証しています。お母さんがズルをしたのを逆用して、100分の1のチャンスをみごとゲットしました。
この問題も、実はハイパーマップ法で解決できます。試してみてください。あくまでプラス思考で、カードを動かし続けるのです。自分にとって最も望ましい状態を心に描き、それに向かってカードを動かしていきましょう。解決策が存在すると信じていれば、やがてそれを発見できるものですよ。

逆転をねらうさまざまな方法

●票決を逆転する

次は、5章で残しておいた宿題、大株主が投票のパラドックスを逆転する方法について、考えてみましょう。忘れた方は、236ページからざっと読み返してくださいね。

順位	会長	社長	大株主
1	C	B	A
2	A	C	B
3	B	A	C

5章では、新取締役として、C氏が選ばれました。大株主の推している順位からすれば、最も望ましくない決定でした。

そこでまず、大株主が2番手に推していたBを取締役にする方法を考えましょう。Bが最終的に取締役に選ばれるために、大株主はどうしたらいいでしょうか。

Bを取締役にするためには、1回目のAとBとの対決で、5章のようにAが勝つのではなく、Bを勝たせることがポイントになります。大株主が最上位として

推薦しているのはAですが、あえてBに投票します。そうすると、投票結果は、

・**会長………A**

・**社長………B**

・**大株主……B**

となり、Bが勝ち上がりますね。

そして、Bが勝ち上がれば、２回目の投票は、

・**会長………C**

・**社長………B**

・**大株主……B**

となり、BがCを破り、取締役の地位を獲得します。Cが選ばれるという、大株主にとって最悪の事態をまぬがれることができるわけです。

それもよい手ですが、しかし別の方法がまだあります。もっと優れた方法です。多数決対決の組み合わせを変えるという方法です。これができれば、大株主が最も推しているAを取締役に選ぶことができます！

大株主は、頭の中でカードを動かし続けました。ハイパーマップ法に熟達した彼は、頭の中にカードを広げ、それを動かすほどのレベルに達していたのです。

「まず、BとCを対決させよう……」

彼は考えました。その投票の結果は、

・**会長………C**

・**社長………B**
・**大株主……B**

で、Bが勝ち残るはずです。

「よし、次にAとBで投票させるのだ」

彼の頭の中で、また票読みが進みました。

・**会長………A**
・**社長………B**
・**大株主……A**

これなら、Aが取締役に選任されます。急転直下のジェットコースター的逆転です！

このようなことを可能にするためには、展開を先読みする論理力が重要です。カードを使って、事前に十分なシミュレーションを行うようにしてください。先に票決をとられてしまってからでは遅いですから。

「さて、どうやって票決の順序を変えようか？」

大株主は冷静に、会長と社長のカードを頭の中で想像しました。そしてやがて、

「私は会長と社長を尊重しましょう。あなた方は直接、経営にタッチしているのですからな」

と切り出しました。

「あなた方が推薦しているC君とB君で、先に票決をとったほうがいいでしょう。私の推薦はつけ足しにすぎません。ぜひそうさせてくださいな」

大株主の頭の中では、応酬論法の秘けつ集がゆっくりとめくられ、「表現を裏返して述べる」「相手にとっての利益を強調する」を使うのがよいと決断したのです。

「そうですか。それは恐れ入りますな」

というわけで、会長と社長は、大株主のすすめをつい受け入れてしまいました……。

●戦いの構図を変える

次の問題を読んでください。

【右靴作りの職人】

オカムラさんは右靴作りの職人です。左靴はほかの職人が作っています。靴は左右揃うと１万円の価値がありますが、片方だけだと価値はゼロです。

ある日、オカムラさんは10足分の右靴を売りに出しました。ほかの職人は10人、１人１足分ずつで、合計10足分の左靴を持っています。ところが困ったことに、左靴職人たちは結託して、オカムラさんの右靴を買いたたこうとするのです。

「１つ1000円で買うことにしよう。片方だけで、売り物にならないよりはましだろう」

オカムラさんは、愛着のある自分の作った右靴をいろいろ動かして、何ごとかブツブツいいながら考えていました。

そして突然、彼が何かをした結果、たちまち立場が逆転してしまったのです。ほかの職人たちは、

「1つ9000円でもいいから、売ってくれ！」

といってあわてました。

さて、オカムラさんの打った秘策とは？

右靴をグルグルと動かして考えていたオカムラさんは、突然、10足分の右靴のうち、1つをたたきつぶしてしまったのです。

「さあ、右靴は9足分しかありませんよ。一方、あなた方は10人。買えなかった人は1人だけ、左靴の価値がなくなりますからね」

これがオカムラさんの大逆転でした。一瞬の戦略的なひらめきで、戦いの構図をすっかり変えてしまったのです。高くてもいいから、オカムラさんの右靴を買わないことには、自分の収入がゼロになってしまうのです。

もともとは「左靴職人vs右靴職人」という戦いの構図でした。右靴作りのオカムラさんが攻められていたのです。

それを「左靴職人どうし」の戦いに変えてしまったのが、この一発逆転の真相でした。左靴職人10人で互いに戦わせ、彼らのうちのだれか1人が敗者になってしまいます。この逆転の結果、オカムラさんは「漁夫の利」的な大勝利をものにしたのでした。

補足しますと、「市況商品」では、このような作戦がしばしば使われます。「豊作でとれすぎた野菜を収穫せずに捨てる」というようなニュースを見るときがあります。理屈は同じです。

市場に野菜が2〜3割も過剰に供給されると、暴落をひき起こします。売れば売るほど、運送費さえ出ず、原価割れで大損をします。それならと、農家が共同して、出荷せずに廃棄します。需要と供給を見きわめ、安定した価格で売ることが必要なのです。

また、最近では「限定商品」をうたい文句にした製品もめずらしくなくなりましたね。限定ですと、「買い手どうし」が争って買います。その結果、定価よりも高いプレミアムがついて取り引きされるといった現象も起こるのです。

●開き直りで危機を回避する

続いていきましょう。

A国とB国は、国策として「次世代製品」の開発で競い合っています。両国の経済状況は、その開発規模によって左右され、まとめると下の表のようになります。

B国 / A国	小	大
小	A：最良 B：良	A：悪 B：最良
大	A：良 B：悪	A：最悪 B：最悪

B国はこの表を見ていて、あることに気づきました。

①B国の開発規模が「小」のとき、A国は「小」を選ぶとA国側は「最良」。
②B国の開発規模が「大」のとき、A国は「小」を選ぶと自国が「悪」だが、より悪い「最悪」を避けられる。

つまり、いずれにしてもA国は「小」を選んだほうが得なのです。

では、A国が「小」ならば、B国は「大」を選べば、「A：悪 vs B：最良」の勝負になり、B国は開発競争を圧倒的に有利に展開することができます。A国は大ピンチです。

しかし、A国はあることを宣言することによって、この大ピンチを切り抜けることに成功しました。その宣言とは？

A国は、「B国の決定にかかわらず、次世代製品を大規模に開発する」と宣言しました。

A国が「大」を先に宣言してしまったとき、B国は自分の側が、

①「小」を選ぶと「悪」

②「大」を選ぶと「最悪」

です。「最悪」を避けるため、B国は「小」を選ばざるをえません。

そして、B国が「小」を選べば、「A国：良 vs B国：悪」です。A国は開き直りの「先制攻撃」によって、自国に非常に有利な状況を作り出すことができたのです。

このレベルの問題ですと、ハイパーマップ法などを使っても、解決策に到達するために、かなり時間がか

かるでしょう。なぜかというと、問題点が2つあります。

①「最良」ではなく、セカンドベストである「良」に到達する解決策しかありませんでした。「最良」だけを考えようとした人は失敗します。
②開発する前に、「開発を宣言する」というステップを挿入しなければなりませんでした。「新しいステップを発明する」という困難さがあります。

高度な問題ですので、「宣言する」というヒントを設けました。このような例題を1つでも見ていただくと、上級レベルのハイパーマップ法に熟達するための有力な手がかりとなるでしょう。

さて、もう1問だけやってみましょう。

A国と仲の悪いB国は、A国の端にある孤島を侵略したいとねらっています。

現状維持なら、両国とも「損失0」。また、B国が侵略しても、A国ががまんして反撃しなければ、A国は「損失10」、B国は「利益10」です。一方、A国が大反撃に出て全面戦争になれば、両国とも「損失100」です。

B国の考えは、「A国にとっては、小さな島をとられるより、戦争による損失のほうがはるかに大きい。きっとA国はがまんを選ぶだろう」。

さて、A国はあることを宣言することによって、B国の侵略を未然に防ぎ、「損失0」に抑えることに成功しました。

A国は何と宣言したのでしょう？

	A国	B国
現状維持	0	0
A国ががまんする	損失10	利益10
全面戦争	損失100	損失100

A国は、「侵略されれば、必ず大反撃する」と宣言しました。

A国がこのように宣言した結果、B国に利益がもたらされる可能性がなくなりました。侵略すれば、必ず損失100という状態になったのです。そこで、B国は侵略をあきらめたというわけです。

この問題は、先ほどの問題の応用編でしたね。戦争の前に「宣言する」というステップの追加について、少しは慣れていただけたでしょうか。これができれば、上級レベルに近づいたというわけです。

なお、こういう戦略は、実際の国家間でも使われることがあります。中で最も有名なのは「キューバ危機」でしょう。

キューバ危機は、1962年、当時のソ連がキューバにミサイルを設置したために生じた事件です。米ソの緊張関係は極限まで高まり、世界中を核戦争の恐怖におとしいれました。

当時のアメリカ大統領ケネディは、「ソ連がキューバにミサイル基地を建設中、キューバに武器を運ぶ船舶に断固たる措置をとる」と声明、国防総省は「ソ連船が停船命令に従わなければ撃沈する」と発表しました。アメリカの強硬姿勢の結果、何とか最悪の事態は回避され、キューバからミサイルが撤去されることとなりました。

水面下でさまざまな交渉はあったものの、ソ連に撤退を決断させたのは「侵略されれば、必ず大反撃する」という開き直りの術でした。まさに瀬戸際戦略、ぎりぎりの駆け引きによる成果でした。つまり、もしあなたもこれができるなら、あなたは大統領からも頼りにされる存在になれるだろうということです。

さらに上達するためには

この章でご紹介したような逆転の技法には、「ゲーム理論」といわれる分野で研究されている手法をいろいろ応用できます。ゲーム理論は科学的な「兵法」というべきもので、ビジネスやスポーツから、討論や恋の駆け引きまで、さまざまな場面に応用できる、実践的科学です。

私が書いた『ゲーム理論トレーニング』(かんき出版)には、ゲーム理論の演習問題がたくさん掲載されています。本書のように論理思考法の立場から述べたものではありませんが、本書と併用されますと、いっそう効果が大きいと思います。

それ以外にも、ふだんからしっかりと論理思考の訓練をして、きちんとした論理展開を行っている本などをお読みになることをおすすめします。ただし、ありきたりの結論を教科書的にまとめている本は、本当は上級レベルの論理思考の参考にはならないでしょう。

本当に大事な考え方とは、いつの時代にも少数意見から出てくるものです。ほかの99人とは異なるが、たった1人優れた発想をしている人を見つけたなら、あなたにとって、その人の考え方はおおいに参考になることでしょう。そして、その考え方が正しいかどうかを見抜くのも、あなたの能力のうちです。優れた人を見抜く努力を重ねるようにしてください。

それとともに、京大式と呼べるような論理思考法は、いつも実践のうちにあります。この本で述べたハイパーマップ法など、3つの技法は、一応は紙の上の方法という形をとっていますが、実践での知恵を十分に加味することによって、初めて高い威力を発揮するのだとお考えください。決して生兵法で使いこなせると甘く見ないでください。

実践によって、あなたの論理力を磨いてください。それとともに、あなた自身の心も磨いていただきたいと思います。ただ単に論理で勝てばよいわけではありません。達人の心構えとはどんなものであるべきか、まで考えるようになさってください。

本当の上級コースの免許皆伝までは、道は非常に遠いです。本来は万巻の書を読まねばならないほどです。本書では、その勘所をできるだけ網羅するように努めました。ひとまずこれで、京大式ロジカルシンキング全コースは終了です。

本書の最初の例題、「ハダシの国で靴を売る」をふり返っていただくと、これはまさに戦略的超思考法のやさしい例題だったことをおわかりいただけるでしょう。あなたは「100人中の１人」レベルに、確実に近づいているはずなんです。

いかがだったでしょうか。ほんの少しだけでも、あなたが論理力に自信を持てるように感じられたとしたら、著者としてもうれしく思います。

なお、よければひき続いて、番外コースをお読みください。現代論理学の基礎とその活かし方をご説明しています。パズルがたくさんあって、おもしろいですよ。

ちょっとひと息

※アインシュタインの言葉

「もし、私の理論が正しいと認められるならば、ドイツ人は私をドイツ人であるというでしょうし、フランス人は私をコスモポリタンであるというでしょう。

しかし、私の理論が世に認められないとすれば、フランス人は私をドイツ人だと呼ぶでしょうし、ドイツ人は私をユダヤ人だというでしょう」

《100年後のユダヤ国「アインシュタイン？　ここらみんな親戚さ」》

※小ばなしより

酒好きの男が1年酒を絶つと、神様に誓う。しかし人が飲んでいるのを見ると、どうにも我慢できない。で、1年を2年に延ばしますから、夜だけ飲ませてくださいと頼みなおす。しかし昼間も我慢できなくなり、2年を4年にしますから、夜昼飲ましてください。

《社長、この手で問題を先送りしたがる社員ばかりで……》

※松下幸之助の言葉

「心配して安心しろ」

《心配して働く人がいるので、安心してサボッてます》

京大式ロジカルシンキング【番外コース】

I 章

論理の「複雑さ」をマスターせよ

論理の達人になる最高の方法①

真と偽のデジタル世界は扱いにくい？

●「真と偽の２つだけだからカンタン」は大間違い

「論理は真と偽、２つに１つだから、カンタン。結局は○×方式と同じだろ？」

この本を読む前に、そんなふうに思っていた人はいないでしょうか？　そこまで生やさしくないことがおわかりいただけたと存じます。この章では、「論理は複雑で、人間には扱いにくい」という側面にさらに踏み込もうと思います。「国語の問題集でない論理」の基礎訓練です。

まずは例によって、パズルで頭のウォーミングアップですよ。

シンジくんとケンジくんは双子で大のワンパクです。お父さんは２人に自転車を買ってあげたのですが、彼らの乱暴な乗りっぷりにいつもハラハラしています。

そこでお父さんはいいました。

「お前たち２人に、これから自転車レースをやらせてやろう。ただし、遅くゴールインした自転車の持ち主にごほうびをやろう」
これなら安心と思ったのですが、レースを始めたとたん、2人はビューッと全速力で走り始めました。
どうして？

どうです？　論理的に解決できますか？　パズルを解くカギは、「自転車の持ち主」です。

2人は互いに自転車を交換しました。そして、それぞれ、自分の自転車を負かそうと全力疾走し始めたのです。お父さんは、「遅くゴールインした自転車」の持ち主にごほうびをくれるんですからね。

いかがでしょうか。国語の問題集とまるで違うでしょう。これがこの章で行う「複雑さの基礎訓練」です。問題そのものが楽しいですし、これが真の論理力の基礎訓練というものなんです。

デジタルな論理でものを考えるということは、**すべての可能性を考えなければならない**ということです。多少たいへんですが、それを訓練していくことが、議論に強くなったり、発想力を磨くための基本です。いかに非常識なことであろうが、すべての可能性を追求し続ければ、すばらしいアイデアに到達することがありますよ。

コンピュータは機械ですから、正確でねばり強く答えを出すまで頑張ります。しかし人間はそうはいきません。「すべての可能性を考える」方法でものを考えるのは、人間にはつらいものですね。

だって、この問題で考えなければならないのは、シンジくんとケンジくんのたった２台の自転車だけです。こんな単純な問題でも、人間の頭は、「シンジくんがケンジくんの自転車に乗る場合」「ケンジくんがシンジくんの自転車に乗る場合」を見逃してしまいます。コンピュータのように機械的に考えることが苦手なんです。

人間には経験から得た常識があります。「そんなバカなことはないだろう」ということを、無意識のうちに編集し、カットしてしまいます。だからMECEを使いこなせないことにもなるのです。

●組み合わせはすぐに爆発する

「命題」という言葉があります。すでにこの本で何度も使っていますが、難しくありませんでした。「正しいか、正しくないかが、明確に定まる文」のことを「命題」といいます。

例えば、

「犬は動物である」……①

「犬は電話である」……②

「犬は忠実である」……③

という文があるとします。

①は「正しいことが決まる」ので命題ですね。②は「正しくないことが決まる」ので、やはり命題です。文章が間違っているから命題じゃない！　と思わないように注意しましょう。

では③は？　状況によって、犬は忠実とも、忠実でないともみなされることがあるでしょうから、命題ではないということになります（ファジー論理では命題です）。おわかりいただけるでしょうか。まあ、こんなことを覚えなくても、論理思考には強くなれますから、これはあまり気にしないでください。

さて、扱う命題の数が増えてくると、私たち自身の頭で「すべての可能性を考える」ことが、だんだん難しくなるというか、実質的に無理になってきます。

命題が１つであれば、考えなければならない場合は、真と偽の２つだけです。ところが、命題が２つになれば考えなければならない場合は４つ、命題が３つなら８つと、ネズミ算式に増えていきます。つまり、命題が１つ増えるごとに、考えるべき場合の数は２倍に増えていくのです。MECEやKJ法を使う場合もですよ。

これを**「組み合わせ論理の爆発現象」**といいますが、ネズミ算がいかに猛烈な勢いで爆発するか、少し計算してみると、そのすさまじさがよくわかります。

命題がA、B、C、Dの4つの場合

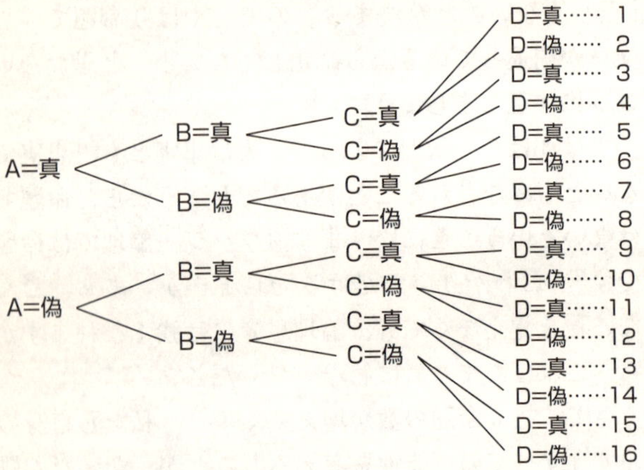

考えなければならない場合の数は16通り

例えば、厚さ0.2mmの新聞紙を折りたたむとします。1枚が2枚、2枚が4枚、4枚が8枚……と100回折りたたむと、どれくらいの厚さになるでしょう？

0.2に100をかけて、2cmというのはまるで違います。1mくらい？　10mくらい？　東京タワーの高さとか、富士山の高さと思った人でも、まだネズミ算の恐ろしさがまったくわかっていません。では、地球の直径とか、月までの距離？　まだまだです。

実は**「宇宙の果てくらい」**というのが正解です。

0.2mmの「1兆倍のさらに1兆倍の100万倍」くらいになります。この値はだいたい100億光年に近いものです。それは宇宙のサイズくらいです。新聞紙を100回折っただけですが、どうです、驚かれたのではないでしょうか。

さて、論理において、考えなければならない場合の数は、2、4、8、16、32……と、新聞紙を折りたたんだ場合と同じ増え方をします。宇宙まで届く勢いで爆発するのです。

●三人三様でほぼ限界

「十人十色」といいますが、10人が好き勝手なことをいうのに対処しようとしますと、すべての場合の数は1024通りです。また、百人百様で100人が好き勝手なことをいい始めたら、ありうる場合の数は、いま計算したばかりでしたね——「1兆のさらに1兆倍の100万倍」くらいなんです！

さて、普通の人はいくつくらいまで、命題の数が増えても、大丈夫でしょうか。命題が3つくらいになると、もう頭がこんがらかってギブアップという人がほとんどでしょう。

命題が3つなら、考えるべき場合の数は8つ（ほぼ限界）です。

8つの場合をきちんともれなく考えるのは、もうすでに面倒くさいです。三人三様程度の場合で、ほぼ限界なんです。

> ハイパーマップ法で扱った問題ですが、あなたの「A」社には、ライバルが「B」と「C」の2社あります。3社とも「強気」と「弱気」の2通りずつの戦略を持っています。
>
> あなたの会社が強気か弱気かの戦略を立てるとき、他社の戦略も考慮しなければなりません。考えなければならない場合の数を網羅してください。

B社とC社の強気戦略と弱気戦略の組み合わせは、全部で4通りです。「強・強」「強・弱」「弱・強」「弱・弱」ですね。これらを並べるだけでも、すでにウンザリします。

さらに自社が強気戦略か、弱気戦略かをいったん仮定して、将来の業界の勢力図を考えたり、過当競争にならないかなどを勘案しなければなりません。A社自

A	B	C
強	強	強
強	強	弱
強	弱	強
強	弱	弱
弱	強	強
弱	強	弱
弱	弱	強
弱	弱	弱

たった3社の強気と弱気を考えるだけで限界です

身を含めると、場合の数は表のように8通りです。

このくらいの場合をきちんと考えないことには、しっかりした経営戦略は立てられません。しかしそれにしても、すでに常人は、三人三様で、ほとんど限界状態でしょう。

これがMECEやKJ法の欠陥だということです。場合の数あるいはカードの数が極端に多くなります。一方、ハイパーマップ法では、人間のイメージ力を活用して、この問題を避けました。

ただこの章は、国語の問題集にさよならして、現代論理の幅広い方法を基礎訓練する章です。実世界の異常な複雑さや、他人のややこしい論理に対処する基礎力が大事だということです。このくらいが扱えるなら、上級なのだとお考えください。

●0と1で真偽をあらわす方法

ところで、284ページで樹形図で示したような組み合わせを表にすると、次ページのようになります。上記の例題と似ていますね。

これは「真理値表」というものの基本です。真理値表とは、要するに、真を「1」、偽を「0」であらわして、すべての組み合わせを並べあげた表のことです。現代論理学では、論理をこのような表で示したり、論理式という式であらわしたりします。

なお、1と0でなく、真と偽を使って書いてもかまいません。ただ、コンピュータ分野ではほとんどの場合、1と0で表現しますので、そういう表のほうが見かける機会が多いかもしれません。

このような表現法を「記号論理学」あるいは「ブール代数」などといいます。初めて見ると、ちょっとややこしそうですね。

しかし、現代の論理学は、記号を持ち込むことによって、論理をごくシンプルで扱いやすいものにしたのです。この新しい論理学は、19世紀半ばのジョー

命題がAとB、2つの場合

A	B	
0	0	A=偽　B=偽
0	1	A=偽　B=真
1	0	A=真　B=偽
1	1	A=真　B=真

少しややこしいです

命題がAとBとC、3つの場合

A	B	C	
0	0	0	A=偽　B=偽　C=偽
0	0	1	A=偽　B=偽　C=真
0	1	0	A=偽　B=真　C=偽
0	1	1	A=偽　B=真　C=真
1	0	0	A=真　B=偽　C=偽
1	0	1	A=真　B=偽　C=真
1	1	0	A=真　B=真　C=偽
1	1	1	A=真　B=真　C=真

ほぼ限界ですね

ジ・ブール以来、現在まで目覚ましい発展を遂げ、現代論理学を非常に強力なものに変えました。コンピュータが設計できるのも、記号論理学があるからこそです。

このような記号論理学を知りますと、MECEとか

So What ?とか、三段論法よりも、もっとスッキリと論理の本質がわかってきます。見通しが非常によいうえに、世間で扱う複雑さは、たいていこのレベル（8つ程度）以下ですからご安心ください。

この8つ程度が扱えるというのは、記号論理学では、基本的に三段論法を駆使できる以上の能力です。非常に周到な論理を組めるようになります。どうしようもない論理の袋小路で、抜け道だって見つけ出せるでしょう。初歩のMECEやSo What ?を乗り越えるという意味でも、よければ練習してみてください。

数学者を悩ませた論理の難題

●ラッセルのパラドックス

またパズル問題をやってみましょう。たった２通りの場合を考えるだけですが、現代論理学の最高レベルをやっていただきましょう。MECEがごく低レベルに見えてしまいますよ。

ただし、チャレンジされる前におことわりしておきますが、この問題は理解できなくても気にしないでください。これは、19世紀末から20世紀後半までにかけて活躍した大数学者で大哲学者、バートランド・ラッセルが発見した、数学上の大問題なのですから。以下では親しみやすい形に表現を変えてあります。

ある図書館の司書が、目録を整理していて、目録には次の２タイプがあることに気がつきました。

①その目録自体のことが、その目録の中に記載されているもの

②その目録自体のことが、その目録の中に記載されていないもの

そこでこの司書は、目録を使いやすくするため、新たに2つの目録AとBを作ることにしました。

A　①の目録をすべて集めて記載した目録

B　②の目録をすべて集めて記載した目録

さて、すべての目録は、AかBのどちらかに記載されるはずですね。だって、すべての目録は①か②のどちらかであって、この分類はMECEになっているからです。

だったら、Bという目録自体も、AかBのどちらかに記載されるはずですよね。

では、Bは、「Aに記載する」べきでしょうか、それとも「Bに記載する」のが正しいでしょうか？

先に答えをいってしまうと、「どちらに決めても矛盾が起こる」が正解です。つまりパラドックスです。かなりややこしいので、「Aに記載する場合」「Bに記載する場合」を順番に考えてみましょう。

「Aに記載する場合」

Aに記載された目録は、①の条件が満たされなければなりません。つまり、BがB自体の中に記載されていなければならないのです。ところが、Bには「自体

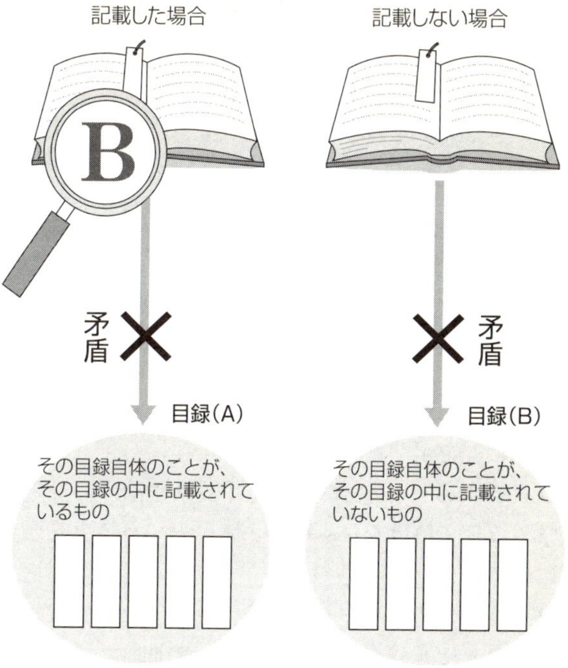

を記載していない目録」しか書き込めない、とあらかじめ決めていたので、明らかに矛盾です。よって、Aに記載することはできません。

「Bに記載する場合」

同様です。B自体のことをBの中に記載してしまうと、Bの定義である「②の目録をすべて集めて記載した目録」にとたんに反します。だから、Bに記載してもいけないのです。

どうでしょう？　頭がこんがらかったのではないでしょうか。たった2通りの場合でも、「論理は複雑」であることを実感していただきたかったパラドックスです。「論理は人間にとって難しい」ということを再度わかっていただけたら結構です。

ところで、この問題でとり上げたのは、「ラッセルのパラドックス」と呼ばれる論理でした。かつては完璧なものだと思われていた数学や論理の体系に、欠陥があることを示した「矛盾問題」です。

ラッセルのパラドックスは、「数学や論理の問題に、数学や論理で解けないものがある」ということを数学界につきつけた大発見でした。当初、多くの数学者たちはラッセルのパラドックスを認めようとしませんでした。ラッセル自身も、自分の考えの間違いを見つけようと、必死だったといいます。

しかし、現在では「数学や論理は完全でない」ことが証明されています。また、真か偽か決められない具体的な問題が山ほど発見されています。そして、このような問題が存在すると、いろいろ困ったことが起こります。例えば――

①「背理法」という証明法を信用できなくなるんですね。背理法型の証明法を使って、「目録BをAに記載すると矛盾である。よってBに記載される。証明終わり」とするとまったくの誤りです。数学マニアさんは困りませんか？

②Bという目録をもっともらしく定義しました。例えば「非自己型目録」などと名前をつけることができるでしょう。しかし、「名前をつけられるけれども、実在しえない」ものの一例になっています。「唯名論」という哲学の体系がありますが、その存立の根拠が危うくなりかねません。哲学マニアさんも困るでしょうね。

というわけで、ものごとをどこまでも突き詰めて考えようとする人たちにとっては、これはたいへん深刻な問題です。数学においては、その基礎になる「集合論」という体系が揺らぎます。ただ——日常生活ではめったに意識されないでしょう。

とにもかくにも、「論理」という道具の深みを少しのぞいていただきました。MECEとかSo What ?よりも、「論理はもっともっと深い！」ということに多少なりとも気づいていただけましたら幸いです。上級レベルなら、それを利用できる場合がありますから。

デジタル論理の真偽と実世界の真偽

●“valid” と “invalid”、“true” と “false”

この章では「複雑さの基礎訓練」をしています。なかなかややこしいでしょう。ハイパーマップ法など3つの方法は、このような現代論理学の問題点を下敷きにしたうえでご説明しました。

同様に論理学の問題点として、「論理学の真偽」は「実世界の真偽」と異なるという点に29ページでも触れました。これをきちんと理解していないと、論理を使いこなすことはできません。

英語でいうと、論理学の真偽は、

論理学：真＝valid（妥当）　偽＝invalid（非妥当）

です。

一方、実世界の真偽はまさにそのままで、

実世界：真＝true　　　偽＝false

“valid” と “invalid” は、本当の真か偽かではなくて、本来「妥当」「非妥当」というべきものです。例をあげてみましょう。

自由主義国は民主主義国である
日本は民主主義国である
ゆえに、日本は自由主義国である

3つの文はいずれも実世界で「真」に分類されるものです。政治上の問題ですから、異論のある方もおられるでしょうが、それはひとまず置いておき、「真」だとしましょう。

問題となるのは、この例題の推論が「妥当」ではないことです。このような「三段論法」は成り立ちません。

論理の初心者がひっかかりやすい問題ですので、ちょっとした工夫をしましょう。上記と「形」が文法的にそっくりだけれど、「内容」の異なる文に変えてみるのです。次のようなものです。

人間は動物である
馬は動物である
ゆえに、馬は人間である

どうですか。２つの例題を見比べると、「形」はそっくり同じです。しかし、馬の例題は、だれが考えても成り立たないでしょう。

論理学でいう「妥当」とは、このような例などをもとにして理解します。実世界における「真偽」は問いません。あるいは、文法上の「形」は問うけれども、文の内容である「意味」はすべて無視するのが、論理学の特徴なのです。

上記の例はどちらも、

AならばB

CならばB

ゆえに、CならばA

という形です。例えば「人間は動物である」は、「人間ならば動物」と同じ意味であるとお考えください。そしてこの三段論法は、「妥当」な推論ではありません。自由主義国の例では間違えないでくださいね。A、B、Cという記号で書くとよくわかるでしょう。このスマートな方法を、ぜひマスターしてください。

一方、次のような形の三段論法は、「妥当」な推論です。

AならばB

BならばC

ゆえに、AならばC

この形の有名な三段論法として、次の例があります。

ソクラテスは人間である
人間は死ぬ
ゆえに、ソクラテスは死ぬ

これは納得できる推論ですね。ただ、「妥当」と「真」を区別する論理学の世界では、次のような"無茶"な推論も行われます。

カラスは魚である
魚は水中を泳ぐ
ゆえに、カラスは水中を泳ぐ

バカらしいと思うでしょうが、この例題は、論理として「妥当」です。ソクラテスの例題と同じ形をしていますから。しかし「真」でないのは明らかです。

論理学は、「論理の妥当性」だけを対象にしているため、こんなバカらしいことが起こります。実世界における「真偽」の判定は、論理学の枠外にあるということです。

あるいは、さらに踏み込んで別のいい方をすると、「カラス」とか「魚」とか「水中を泳ぐ」という言葉の意味など、論理学はいっさい関知していません。言葉の間の論理関係だけを判定しているというわけです。
そして実は、この「欠点」は、現代の「コンピュータ」という機械にも引き継がれています。コンピュータは、「意味」を扱うのが大の苦手です。「カラス」とか「魚」といっても、文字の並びにすぎないと見て、「形」の上の論理判定しか行っていません。「カラス」が何であるかを知らないまま、「イエス」か「ノー」かを計算し続けているのです。
これではひどすぎるので、実世界で「偽」の前提から出発する推論を、「不健全（unsound）」と呼ぶことがあります。一方、「真」の前提から出発する推論を、「健全（sound）」と呼びます。もちろん「健全」な推論を重視してきたのが、この本の立場ですね。
なお、現代数学は、このような原理原則を厳密に守ります。例えば「平行線は交わる」という前提のもとに、新しい数学を構築したりするのです。
平行線は決して交わらないはずだから、そんな妙な前提はありえないって？　いいえ、「球面上の幾何学」の場合には、「平行線は交わる」と考えます。築いた論理が「真」であるとみなされる「実世界」さえ見出せば、立派に役に立つ数学になったりするのです。

●パズルで息抜き

基本的な概念ばかり述べても、くたびれるでしょう。視点を変えて、論理のパズルで遊びながら、複雑さの基礎訓練をしていただきましょう。230ページの問題に似ていますが、結論は異なりますよ。

封筒が2つあります。中身は、2ゴールド、4ゴールド、8ゴールドのいずれかです。片方の封筒には、他方のちょうど2倍入っています。

トモコさんとヒロコさんに2通の封筒を選ばせ、中身を確認してもらいます。「2人ともが望んだ場合のみ、互いに封筒を交換できる」というのがルールです。

そこでトモコさんが中身を見たところ、4ゴールドでした。トモコさんは封筒を交換するべきでしょうか？

トモコさんが4ゴールドなら、相手であるヒロコさんは2ゴールドか、8ゴールドですね。確率は2分の1ずつですから、平均は5ゴールドでしょう。トモコさんにとっては、交換したほうが平均的に得そうですね。

しかし、そう考えるべきではなさそうでしたね。では、あなたはどう答えますか。

解答を述べますと、実は5章の考え方とも違うんですよ。この二者択一の論理、もう少し複雑なんです。

もし、相手側のヒロコさんの封筒に8ゴールド入っていたら、ヒロコさんは交換に応じるでしょうか？交換したって、2倍の16ゴールドという選択肢はないんですから、ヒロコさんが交換を希望するはずがありません。

相手であるヒロコさんが交換に応じてくれるのは、2ゴールドしか入っていない場合だけというのが、実世界の論理です。実世界には相手がいて、相手も得をしようと考えているのを忘れると、思わぬワナにはまってしまいます。

このように、論理的推論を行う場合に、普通より「深読み」しなければならないことがあります。もしも相手が深読みできない人なら、あなたが得をすることになるでしょう。

そして、論理には、思ったより複雑な部分があって、「深読み」しなければならないことをわかっていただけますと、立派な上級ですよ。

複雑さに対処する訓練を、あと2問ほどやってみましょう。

あなたは社長です。だから論理的な頭を持っていないといけませんよ。

実はあなたが右腕だと頼りにしていた社員が、あなたを裏切ろうとしたのです。図でAがあなたです。そして右腕の社員は、当然、あなたの右隣に座っている人物です。

あなたを含めて、全員が次のようにいっています。さて、裏切ろうとした右腕はだれでしょうね。

A 「Gは隣にいない」

B 「私は社長の右隣ではないし、正面でもない」

C 「私は社長の正面ではない」

D 「私はFの正面だ」

E 「私はDの隣だ」

F 「私は社長の左隣だ」

G 「私はDの隣ではない」

H 「私はFの隣だ」

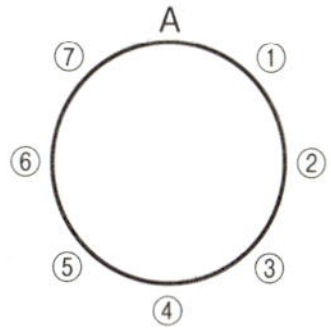

正解はCです。下図のような順に座っていました。

まずFの席が決まります。次にDとHの席が決まります。HはAでない側で、Fの隣です。

残りのうち、④に座れるのはEだけです。また、G

が座れるのは③だけです。すると、Bは⑥に座らないといけません。よって、最後に残ったCが⑦ですね。

この問題が解けるなら、あなたは複雑さに十分対処できますよ。8つの席を扱うという問題をちゃんとこなせたんですから。

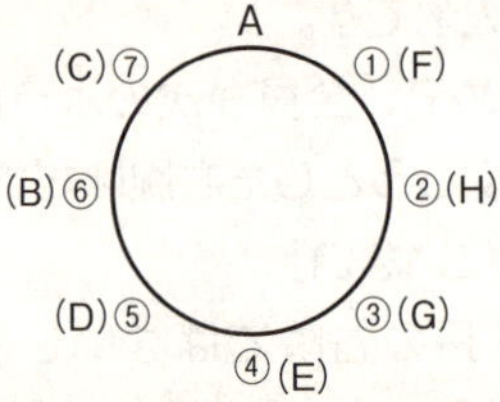

フユコさん、ハルコさん、ナツコさんの3人が働いているブティックがあります。

フユコさんは体が弱いので、外出するときは、必ずハルコさんがつき添います。

また、店がカラにならないよう、3人そろっての外出は禁止されています。

さて、「ナツコさんが外出した」と仮定しましょう。すると、

①フユコさんが外出するなら、ハルコさんも外出（つき添わないといけないから）

②フユコさんが外出するなら、ハルコさんは残る（3人そろっての外出は禁止だから）

のいずれもが導かれます。

これらは矛盾ですから、「ナツコさんが外出した」という仮定は間違っています。

よって、ナツコさんは外出できない？

もちろん外出できますよ。

アレレ？　と思うこの問題の原形は、『不思議の国のアリス』の作者、ルイス・キャロルです。彼は本名をチャールズ・ドジソンといって、オックスフォード大学で数学や論理学を教えていました。

「AならばB」と「AならばBでない」は、必ずしも矛盾し合いません。この問題の場合の真理値表は、次ページのようになります。

「フユコさんが残っているならよい」というのが、論理学をきちんと知っている人の出す結論です。

フユコ	ハルコ	①	②
外出	外出	真	偽
外出	残る	偽	真
残る	外出	真	真
残る	残る	真	真

注意しておきますと、この問題の場合、フユコさんが「残る」の２つの行をよく見てください。真理値表の下２行です。

このとき、真理値表の①、②ともいずれも「真」という値を入れています。①と②の前提を否定したときに対応しています。なぜそうなるかは、次章でもう一度詳しく述べる予定です。

ただ、普通に考えると、

①フユコさんが外出するなら、ハルコさんも外出という条件

で、フユコさんが外出せず居残ったら、前提が「偽」です。前提が「偽」であるとき、多くの皆さんは、①は「偽」だと考えることでしょうね。しかし、それではナツコさんが外出できなくなってしまうのです。

上の表では、フユコさんが「残る」なら、ハルコさんが「外出」しようと「残る」であろうと、「真」と入れています。そうしないと、このような場合に正しい結論を得られないのです。

「AならばB」は、Aが偽のとき、常に真というややこしい決まりがあります。慣れれば簡単なんですけど。

ともあれ、次章でこのお話が出てきたときに、フユコさんのパズルを思い出してください。

なお、このような決まりがあるため、例えば「カラスは魚である」という偽の前提があっても、推論は行える仕組みになっているわけです。

デジタルな論理は、ものを考えるための強力なツールです。しかし、“valid”と“true”の対比でもわかりますように、危うくてかつ複雑な部分を抱えています。その点で、十分に使いこなすには、きちんとした習熟が必要です。深読みをしなければならない場合があるのです。「MECEやSo What ?やKJ法では、やっぱり弱い」と思っていただけたら幸いです。何しろ大学教授でも論理に弱い人はゴロゴロしているのですから。

また、○と×だけでは決まらないのが、人間社会であり、実世界です。この点にもよくご注意ください。

デジタル論理と、実世界での検証をうまく組み合わせる——これが京大式ロジカルシンキングの目指すところでしたね。くれぐれもその点を忘れないようにしてください。

「実世界の真理」と向き合う姿勢が、京大の「独創の気風」における1つの“武器”であるようです。実世界と真剣に向き合ったうえで、自らの強力な論理を構築します。そこに京大式の気風をひしひしと感じます。

ちょっとひと息

※落語『三人旅』より

旅をする三人の男が宿をとり、そのうち一人だけが先に風呂に入る。風呂から上がってきた男に対し、
「どうだい風呂のかげんは？」
「けっこうな湯だ。ゆうべの宿屋は膝までしかなかったが、今夜の風呂は肩まである。だが入り方がむずかしい。逆さまに入るんだ。逆立ちするようにして入れば肩まで浸かることができる」
《逆転の発想！　世の中楽しむには、ヤッパ体力いるね》

※物理学者の使う数学とはこんなもの？

1は自分自身以外に約数がないから素数である。3も5も7も素数であることを確認するのはやさしい。では次の9はどうか？　これは3×3だから素数ではない。しかしこれは例外だ！　次の11も13も素数ではないか。よってすべての奇数は素数であることが証明された。
《困ったことに、この手の“真実”多いんですよ、ホント》

※これって安全？

「へたな運転手は、もう一人へたな運転手と出会うまでしか安全ではない」（フィッツジェラルド『グレート・ギャツビー』野崎孝訳　新潮文庫）
《へたな電柱も、へたなガードレールも……アアッどいてくれ！》

京大式ロジカルシンキング【番外コース】

II章

電脳論理で脳を活性化せよ

論理の達人になる最高の方法②

現代論理学はデジタルである

現代の論理学は、コンピュータを設計できるほど、強力なツールに進歩しています。この番外コースでは、その強力なツールについてのご紹介を続けましょう。

コンピュータを設計するなんていうと、気おくれしてしまう人がおられるかもしれませんが、ここでは専門的なことには触れません。基本的な方法をマスターするだけでも、非常に論理に強くなり、何事も筋道立てて、合理的に考えられるようになるはずです。ロジカルシンキングといえば、MECE、So What ?と三段論法がすべてだと思っていた方は、きっと「目からウロコが落ちる」ということになるのでは、と思います。

●デジタルな論理で扱えるもの、扱えないもの

19世紀に入るまで、論理学はとても難しくて、退屈なものとされていました。アリストテレスが体系化した論理学が、紀元前４世紀からたいした進歩もせずに受け継がれていたのです。多くのロジカルシンキングの本でとり上げられている三段論法も、アリストテレスが体系化したものの１つです。

その論理学に革命ともいえる進歩をもたらしたのは、19世紀に活躍したジョージ・ブールです。数学者で論理学者のブールは、論理を数学的に記号であらわす方法を考案し、論理学をシンプルで明快なものに変えました。そして、今日のコンピュータの設計に使われているのが、ブールの考案した「記号論理学（ブール代数）」です。

記号論理学では、真を「1」、偽を「0」であらわすということは話しましたね。これは0と1を使って計算を行うコンピュータにピッタリです。すべて記号論理を使うことによって、コンピュータは計算をしたり、ものを考えたりしています。コンピュータを使ってチェスができるのも、漢字を読み取ることができるのも、記号論理学があるからこそです。

記号論理学では、「かつ（AND）」「または（OR）」「～でない（NOT）」といった表現を用いて、「命題の真偽」を判断し、論理を組み立てていきます。実は、それがすべてだというほど簡単なのが、現代論理学の原理なんです。

これまで、デジタルな論理といった言葉を使ってきましたが、**デジタルとは、真か偽かがはっきり決まる**ということです。

デジタルとは、もともと「指折り数える」という意味で、整数だけの世界を指しています。ファジーな中間がありません。デジタル論理学では、真か偽かはっきり決まるもの、0か1かはっきり決まるものだけを扱います。ファジー論理には問題が多いことを、243ページ以後に述べましたね。

実務を離れた番外コースですので、以下は少し詳しい記述になりますが、もちろんお楽しみのパズルがたくさんあります。現代の電脳論理学のきちんとした基礎について、ぜひ理解してみていただきたいと存じます。

「かつ」「または」「〜でない」であらわされる命題

●「かつ（AND）」であらわされる命題

記号論理学の最もすばらしいところは、すべての論理を「かつ（AND）」「または（OR）」「〜でない（NOT）」であらわすことができるところです。これによって、複雑な論理がシンプルで、容易なものになっています。

まず「かつ」です。「かつ」は２つの命題をつなぐ接続詞です。AとBという２つの命題を「かつ」でつなぐと、「AかつB」のようになり、AとBを組み合わせた新しい命題ができあがります。意味は日常的なものと同じと考えていいでしょう。具体的な例で見てみましょう。

A：ヒロシは小学生である
B：ヨウコは中学生である
AかつB：ヒロシは小学生であり、かつ、ヨウコは中学生である

命題では、常に真偽が問題になります。AとBがそ

れぞれ上のような命題であるとき、「AかつB」はどんな場合に「真」になるでしょうか。

「かつ」は、「AとBが両方成り立つ」という意味です。「AかつB」が真になるのは、AとBが両方成り立つとき、つまり「AとBがともに真」のときです。これ以外のときは、「真」になりません。したがって、「AかつB：ヒロシは小学生であり、かつ、ヨウコは中学生である」が真になるのは、下の場合だけです。

A：ヒロシは小学生である……真
B：ヨウコは中学生である……真

では、「偽」になるのは、どんな場合でしょうか。

デジタルな論理の世界は、「真」と「偽」の2つで

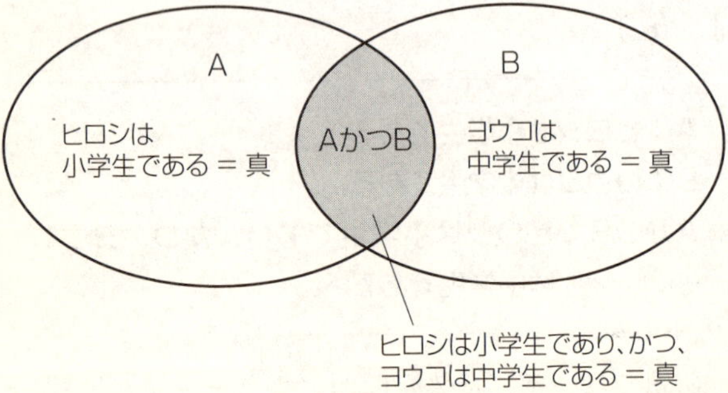

す。「真でないものはすべて偽」になります。「AかつB」では、「AとBがともに真」のとき以外は「真」ではないのですから、残りはすべて「偽」ということになります。真理値表にあらわすと次ページのようです。
「かつ」を記号であらわす方法は、論理学の本によって何通りか異なった記法が見られます。この本では「・」を使い、

「AかつB」＝A・B

とあらわします。

また前にもご説明したように、真理値表は「真」を「1」、「偽」を「0」とあらわします。

この記法ですと、いかにも「掛け算」に似ています。実際、0と1の単なる掛け算として計算しても、上記の真理値表と完全に一致します。お試しください。そ

[A・B(AかつB)]

A	B	A・B
0	0	0
0	1	0
1	0	0
1	1	1 ← A＝真、B＝真のときのみ真

こでこれを「論理積」と呼ぶことが多いのです。

なお、「かつ」はインターネットの「AND」検索と同じです。googleやYahoo検索サイトで情報検索を行うとき、「論理パズル　逢沢　京都大学」のように、スペースを空けて条件を入れていけば、3つの条件に合致したものが検索できるのと同じです。このときのスペースは「AND＝かつ」の意味です。

●「または（OR）」であらわされる命題

「かつ」と同様、「または」も命題どうしをつなぐ接続詞です。AとBの2つの命題をつないで、「AまたはB」という新しい命題を作るためのものです。注意しなければならないのは、日常的に使う「または」とは少し意味が違うところです。

「または」を記号であらわす方法にもさまざまなものがありますが、この本では「+」を使い、

「AまたはB」＝A＋B

とあらわします。

さて、次の場合「AまたはB」が「真」になるのは、どんな場合でしょうか。

A：ヒロシは小学生である
B：ヨウコは中学生である

AまたはB：ヒロシは小学生であり、または、ヨウコは中学生である

正解をいってしまうと、「AまたはB」が真になるのは、次の３つの場合です。次ページの図もご覧ください。

①「A」が「偽」で、「B」が「真」の場合
②「A」が「真」で、「B」が「偽」の場合
③「A」と「B」がともに「真」の場合

①と②については、日常的な「または」の使い方と同じですから、わかりやすいでしょう。「ヒロシは小学生である」が「真」であるか、「ヨウコは中学生である」が「真」であるか、どちらか一方が「真」であれば、「ヒロシは小学生であり、または、ヨウコは中学生である」は「真」になります。

問題になるのは、③の場合です。

つまりA「ヒロシは小学生である」とB「ヨウコは中学生である」の両方ともが成り立った場合です。これでも「AまたはB」？　と考え込んでしまう方がおられるでしょう。論理学では習慣的に「両方でも真」と考えるのです。

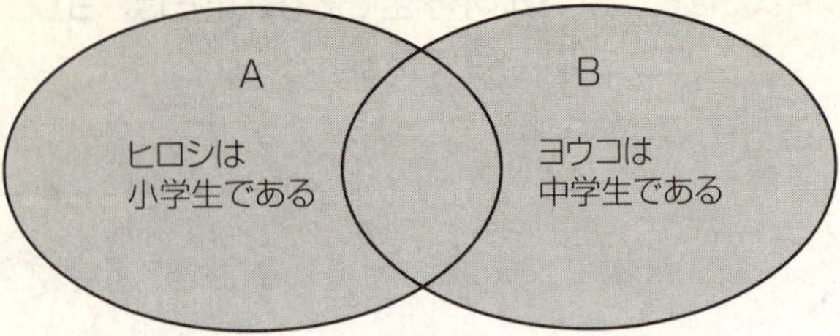

AまたはB
ヒロシは小学生であり、または、
ヨウコは中学生である

[A+B(AまたはB)]

A	B	A+B	
0	0	0	
0	1	1	←― ①
1	0	1	←― ②
1	1	1	←― ③

しかし、例えば次の場合はどうでしょう。

この商品をお買い上げの方には、砂糖または醤油を差し上げます。

この場合、一般社会の常識では、砂糖と醤油の両方をもらうことはできっこありません。つまり「または」は「両方」ではないのです。

それにもかかわらず、論理の世界では——「A」と「B」がともに「真」であっても、「AまたはB」は「真」と決めています。まるで「砂糖」と「醤油」を両方もらうようなものです。ここが常識と異なりますので、特にご注意ください。

なぜそう決めたかは、「理論体系の美しさ」という理由によっています(「双対性」などの理由です)。しかし難しいので、ともかくそう覚えていただいたら結構です。初歩中の初歩の論理学で気をつけなければならないのは、ここだけですから。

実生活の場合には、例えば次の例の場合は、日常に論理を適用するなら「両方」を含むとお考えください。

「マナミまたはミナミが僕を愛している」
じゃ、マナミが僕を愛していたら、ミナミは僕を愛していない?

マナミとミナミの両方が愛していたとしても、この命題はもちろん真です。それどころか、「マナミまたはミナミまたはムナミまたはメナミまたはモナミが僕を愛している」という場合は、５人に愛されていてもよいわけです。うらやましい限りですが、この論理のほうがお得ですね（？）。

なお、「または」のことを「論理和」とも呼びます。「＋」記号を使っているのですからね。ただし、通常の算数における「和」と一致するわけではありません。

通常の算数：１＋１＝２

論理学：１＋１＝１

というところが異なります。記号論理学では「２」なんてないんです。

世の中には、「１＋１＝２」がなぜ成り立つかは「高等数学の問題」だという伝説があります。記号論理学で「１＋１＝１」になるのを見ていただくと、「１＋１＝２になるのはどういう場合か？」といった高度な数学上の議論を、ほんの少しは想像していただけるでしょうか（数学は約束事の世界ですので、「どんな約束をすれば、２でツジツマが合うか？」という問題です）。

●「～でない（NOT）」であらわされる命題

「でない」は否定詞といわれ、ある命題の真偽関係をひっくり返す働きがある言葉です。

例えば、「宝クジに当たった」という命題と「宝クジに当たらなかった」という命題の関係を真理値表にすると次のようになります。

宝クジに当たった	宝クジに当たらなかった
0	1
1	0

つまり、「宝クジに当たった」が「偽」であれば、「宝クジに当たらなかった」は必ず「真」になります。また、「宝クジに当たった」が「真」であれば、「宝クジに当たらなかった」は必ず「偽」になります。裏表の関係といってもよいでしょう。

「〜でない」を記号であらわす方法にもさまざまなものがありますが、この本では、

「Aでない」＝$\overline{A}$

とあらわします。真理値表は次ページのようになります。

なお、否定を算数であらわすと、

$\overline{A}=1-A$

ということです。真理値表と比較してみれば、すぐ

に納得できるでしょうね。

[$\overline{A}$(Aでない)]

A	$\overline{A}$
0	1
1	0

真偽が裏表の関係になっている

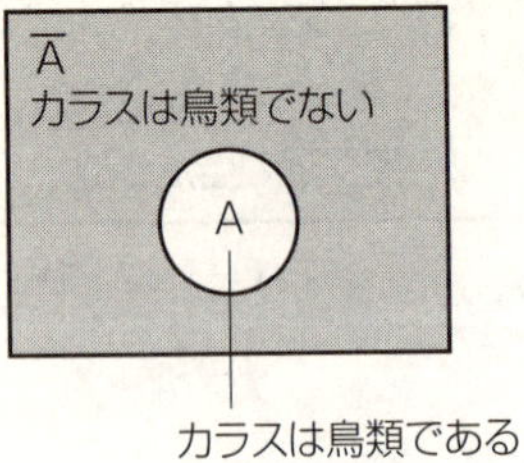

Ā
カラスは鳥類でない
A
カラスは鳥類である

●ド・モルガンの法則

ところで、まずは次の論理パズルをやってみてください。

> 「アユミかつマユミが僕を愛していることはない」
> じゃ、どちらかは愛してくれている？

図を描いて考えてみましょう。(a)は、「アユミかつマユミが僕を愛している」を図にしたものです。問題の文から、否定を除いたものに相当します。

では「アユミかつマユミが僕を愛していることはない」は、どうなるでしょう。これは(a)以外の部分ですから、図(b)で影をつけた部分になります。

つまり、①「アユミもマユミも愛していない」も「真」になります。だから、「どちらも愛していないこともある」すなわち「いいえ」が正解ですね。

さらに、ここで注目してほしいのが、図(b)の意味です。図(b)には、

①アユミもマユミも愛していない

②アユミが愛しているが、マユミが愛していない

③マユミが愛しているが、アユミが愛していない

の3つの部分があります。それをうまく整理すると、次のようになると思いませんか。

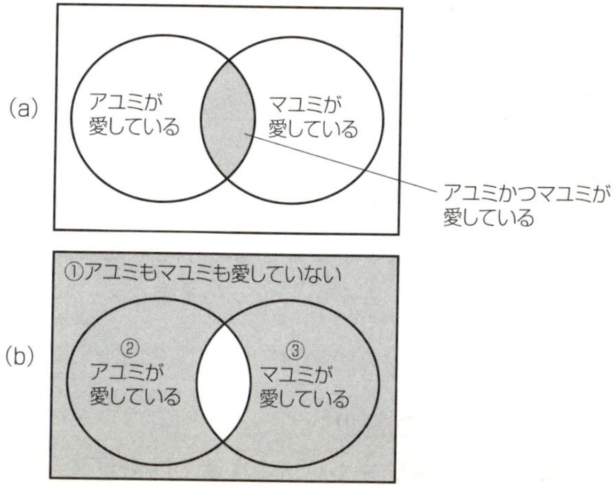

アユミかつマユミが僕を愛していることはない

↓（論理をうまく整理すると）

アユミが僕を愛していないか、マユミが僕を愛していない

後者は「または」であらわすことのできる命題ですね。「または」は２人ともが愛していない場合を含みましたよね。元の文に比べて、ほんの少しだけわかりやすい表現になったと思いませんか。

「かつ」の否定文は、「または」を使った文に書き換えることによって、ややわかりやすく、使いやすい形にすることができるのです。また、逆に「または」の否定がややこしいときは、「かつ」で書き換えることができます。

「かつ」と「または」の関係は、「ド・モルガンの法則」として知られ、次のように整理することができます。集合論という数学をご存じなら、それとそっくり同じですね。もし、こんがらかったままなら、よく考えてみてくださいね。

【ド・モルガンの法則】

(AかつB) でない＝ (Aでない) または (Bでない)

$\overline{A\cdot B}=\overline{A}+\overline{B}$

(AまたはB) でない= (Aでない) かつ (Bでない)

$\overline{A+B}=\overline{A}\cdot\overline{B}$

次は、ド・モルガンの法則の理解度を試す論理パズルですよ。やってみてくださいね。

今日のおやつは、ケーキとドーナツ。

ケンちゃんはいいました。

「ケーキを食べるけど、ドーナツを食べない、というのはウソ」

ところが、シンちゃんがドーナツをサッととって、パクリと食べてしまいました。

それでもケンちゃんは納得できるのでしょうか。

この問題で使われている、「〜けど」は、記号論理の世界では、「かつ」と同じ扱いをします。わかりますか。論理の世界では、

「だけど」「しかし」「そして」=「かつ」

と同じ扱いです。このあたりは非常に機械的です。「〜けど」でつながっていますが、両方を同時に考えるので「かつ」です。ニュアンスが消えてしまうとい

う欠点がありますが、国語の練習問題と異なるところです。

それをご理解いただいたところで、ケンちゃんのセリフを整理してみましょう。

「ケーキを食べる」かつ「ドーナツを食べない」はウソ

となります。これを、ド・モルガンの法則を使って書き換えると、

「ケーキを食べない」(A) または「ドーナツを食べる」(B)

となります。

とすると、そのどちらか一方が真であるか、または両方が真になれば、ケンちゃんは納得せざるをえません。

ところが、すでにドーナツは食べられてしまったので、Bが真になることはありえません。

そこでケンちゃんは、「ケーキを食べない」のみが真、つまり何も食べないなら、納得せざるをえないというわけです。かわいそうですね！

「ならば」であらわされる命題

●「必要条件」と「十分条件」

論理の世界では、「AならばB」のような形式で、結論を導きます。三段論法でおなじみの形式なので、ほとんどの人が耳にしたことがあるでしょう。Aを「前提」、Bを「結論」などといいますね。

この形式をうまく使いこなすためには、「必要条件」と「十分条件」の関係をきちんと整理しておく必要があります。

よく間違える人がいますが、「ならば」を「→」で書くと、

十分条件 → 必要条件

というのが正しい関係です。

例えば、「イワシならば魚である」という場合を考えてみましょう。イワシは魚であるための十分条件です。一方、魚はイワシであるための必要条件です。「〜であるための」という言葉を補ってみると、判定しやすくなることでしょう。

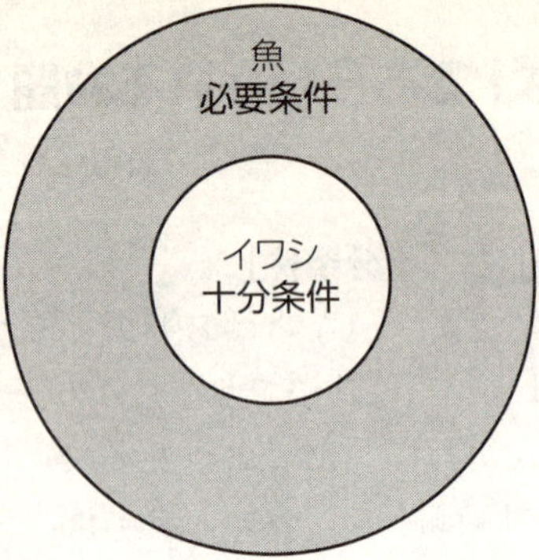

必要条件と十分条件の関係は、集合の図であらわすと、上のベン図のようになります。

図を見るとわかるように、十分条件の集合は、必要条件の集合に含まれます。つまり、イワシという集合は、魚という集合の「部分集合」だということです。

魚屋さんのイワシを見て、「あっ、魚だ」ということはできます。けれども、魚を見たからといって、一般に「あっ、イワシだ」とはいえません。これが必要条件と十分条件の関係です。

「AならばB」の形式を使うとき、このような「ベン図を描いてみる」というのが、間違えないための普通の方法です。しかし、間違って図を描く人がよくいます。

「AならばB」というと、先に大きな丸を描いて「A」とし、「B」をその中に描いてしまう間違いです。「A」が先にくるため、そういうことをやってしまうのでしょうが、小さい丸が「A」です。小さい丸を先に描くクセをつけるとよいでしょう。初歩の論理学では、ここが大きな難関でしょうね。

●「AならばB」を考える

さて、「AならばB」の論理について考えてみましょう。難しい言葉では、「含意」あるいは「条件命題」ともいいます。前章の最後に、「ナツコさんは外出できない？」と首をひねった問題の続きです。だから、パズルのような問題ですね。

A、Bの真偽と「AならばB」の真偽の関係は、次の

[A→B(AならばB)]

A	B	A→B
0	0	1
0	1	1
1	0	0
1	1	1

ような真理値表になります。「AならばB」を「A→B」とあらわしています。

この真理値表では、「A＝０」すなわちAが「偽」の場合が問題です。そのときに、「A→B」は「真」と考えるという決まりがあるのです。

次の例題を見ていただきましょう。

> あなたの友人が「宝クジが当たったら、君におごるよ」といったとします。しかし残念ながら、宝クジは当たりませんでした。
>
> この前提で「おごらなかった場合」、友人はウソつきでしょうか。また、「おごった場合」はどうでしょうか。

宝クジが当たらなかったのですから、おごらなくてもウソをついたことになりませんね。また、おごったとしても、もちろんウソになりません。むしろ、気前のいい人です。

このように、前提が偽の場合は、いつでも「偽」ではなく「真」とみなすというのが「AならばB」です。つまり、「A＝０」ならば、Bの値にかかわらず、「A→B」は「１」になるのです。なお、論理に詳しい人は、これが「$\overline{A}+B$」と同じ真理値表だと気づくことでしょう。

●「AならばB」を謎解《なぞと》きする

これでも疑問があるかもしれませんので、真理値表で「証明」をしておきましょう。ここは読み飛ばしてもかまいません。興味のある方だけ読んでくだされば結構です。

どんな証明かというと、Aが「偽」のときについて、「AならばB」の真理値を、総当たりで試しに割り当ててみるのです。

次ページの4通りしかないと思いませんか？　0と1とを点線で囲んだ2つのマス目に割り当てるのですから、総当たりで4通りです。

「AならばB」の真理値表として、論理学的に正しいのは、このうちのどれかです。そこで1つずつ考えていってみましょう。

①この真理値表と、315ページの論理積（AND）の真理値表を見比べてみてください。真理値の並びがそっくり同じです。

つまり、これを「AならばB」の真理値表だと認めることは、

なぜA=偽のときA→Bは真?

①

A	B	A→B
0	0	0
0	1	0
1	0	0
1	1	1

②

A	B	A→B
0	0	0
0	1	1
1	0	0
1	1	1

③

A	B	A→B
0	0	1
0	1	0
1	0	0
1	1	1

④

A	B	A→B
0	0	1
0	1	1
1	0	0
1	1	1

「AならばB」=「AかつB」

と認めることと同じです。そんな変なことはありえませんよね。

よって、この真理値表は失格です。

②この真理値表にも大きな問題があります。「B」という列と、「A→B」の列を見てください。そっくり同じ真理値が並んでいるでしょう。

すなわち、このように真理値を割り当てるということは、

「AならばB」＝「B」

と認めるのと同じことなんです。Aが消えてしまいますので、それはおかしいですよね。よって、この真理値表も失格です。

③この真理値表はどうでしょうか。よく見てください。

この真理値表では、AとBがともに0のときと、ともに1のときに、「A→B」が1になっています。AとBとの「対称性」に気づくでしょうか。

もしそれに気づいたら、「B→A」の真理値表を書いたとき、これと同じになってしまうことに気づくでしょう。すなわち、

「AならばB」＝「BならばA」

と認めることになってしまうんです。そんな論理はおかしいですよね。よって、この真理値表も失格です。

④この真理値表が最後に残りました。A＝0のときに、「A→B」は常に1です。0（偽）になるのは、Aが1

（真）でBが0（偽）のときだけです。皆さんはこの真理値表を認めますか？ それとも論理なんてやめてしまいますか？

消去法によって、④の真理値表だけが残りました。「AならばB」の非対称性を含んでいて、しかもAとBの両方の真理値に依存している真理値表は、これ以外にありえないんです。そんなわけで、論理学者は、この真理値表が「AならばB」だと決めました。

この真理値表の場合、宝クジに当たらなくても、約束破りだといわれません。また、ナツコさんも外出できます。その点で合理的な真理値表だといえます。

しかしながら、「イワシならば魚である」を考えてみましょう。

目の前に「タイ」を見せられたとき、「イワシか？」と問われたらもちろん「偽」です。「魚か？」はもちろん「真」です。しかし、「イワシならば魚か？」と問われたら、タイを見せられた判断は、「真」としなければいけないのです。

もっとひどいのは、「トマト」を見せられたときでしょうね。イワシでも魚でもありません。しかし「イワシならば魚か？」の判断は「真」です。

このような「真」は、「ウソではない」や「判断保留」に近いものです。やはり、何だか変だと思われる方が多いでしょうね。

結局のところ、「論理学の『→』は、日常語の『ならば』とやや異なる」と考えていただいたほうがよいのが本当のところです。きちんとした論理学者を徹底的に問いつめていくと、

「日常語の『ならば』を正確に翻訳した概念ではありません」

と正直に答えてくれるはずです（そう答えないなら学識の足りない人です）。

実際、このような含意と別に、「厳密含意」を考えようとする論理学も試みられてきました。専門家でも疑問を持ち続けてきたのが、「ならば」の論理というわけですね。

●キスと写真のパズル

前項を読まれた方はくたびれたでしょうから、息抜きに次の問題をやってみてくださいな。ちょっと高級な論理パズルです。

キサラギくんが、ミス・コンテスト優勝のヤヨイさんにいわれました。

「ねぇ、あなたのいったことが正しければ、私の

写真を撮らせてあげるわ」
　論理マニアのキサラギくんは、大喜びです。
「じゃ、いったことが間違ってれば、写真を撮らせてくれないんだね」
「モチよ」
　そこでキサラギくん、頭をひねって、次のようないい方をしました。
「僕は、君のキスをもらわなければ、写真を撮らせてもらえない」
　キサラギくんは写真を撮らせてもらえたでしょうか？

「A→B」が0すなわち「偽」になるのは、「A＝1」「B＝0」の場合だけでしたね。この問題の場合、「キスをもらわず」かつ「写真を撮らせてもらう」場合だけです。

　しかし、「正しければ写真を撮らせてもらえる」と約束したし、「偽」だったら写真を撮らせてもらえないと確認したので、こんな場合はありえません。つまりこの場合はとりあえず除かれます。

　キサラギくんの言葉が「偽」であるのはこの場合だけですので、つじつまを合わせる可能性は、キサラギくんのいった言葉が「真」であるという側にしかありません。この推論はいいですよね。

さて、彼の言葉が「真」だとすると、写真を撮らせてもらえます。それはつまり「B＝0」を意味します。ところが、それで彼の言葉「A→B」が真であるのは――「A＝0」の場合だけですよね。

だったら「A＝0」は何でしたっけ？　「キスをもらわず」の否定ですから……「キスをもらう」！

キサラギくん、写真だけでなく、もっと得をしたそうです。論理思考のおかげですね。

●逆・裏・対偶

さて、真面目な話に戻りますが、「条件命題」（含意のことです）には「逆」「裏」「対偶」というものがあります。

命題「イワシならば魚である」の場合で、それぞれについて見ていきましょう。

【逆】

「逆」とは、「ならば」をあらわす「→」を反対にしたものです。

A→Bの「逆」はB→A

です。「魚ならばイワシである」が「命題の逆」になります。

【裏】

A→Bの「裏」は$\overline{A}$→$\overline{B}$

です。「イワシでないならば魚でない」が、「命題の裏」になります。

【対偶】

A→Bの「対偶」は$\overline{B}$→$\overline{A}$

です。「魚でないならばイワシでない」が「命題の対偶」になります。

さて、「A→B」が成り立つ場合、いつでも「真」に

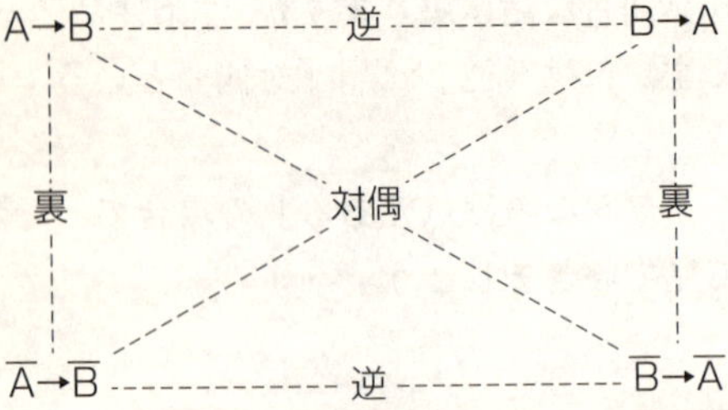

なるのは「逆」「裏」「対偶」のうち、1つだけです。どれかご存じですね。実は、「対偶」だけがいつでも「真」になります。上記の例を見ていただいても、「魚でないならばイワシでない」だけが「真」だというこ

とをおわかりいただけるでしょう。

したがって、**「正しいいい換えをするためには『対偶』を使え」**というのが論理の演習問題でよく使われるテクニックです。

しかし、日常的にはこのへんがかなりいい加減で、「逆」や「裏」を常に「真」であるかのように間違えることが少なくありません。

例えば、さっきのパズルで、キサラギ君は「裏」を使って、ヤヨイさんの言葉と同じ意味のような錯覚を与えています（これがあると、キスをもらうのが確実になるんです！）。

また、「人に迷惑をかけていないのだから、悪くないでしょ」と主張する女子高生についての記事を見かけました。よくあるいい方ですが、「人に迷惑をかける→悪い」だったら結構でしょう。しかし、「人に迷惑をかけない→悪くない」はその「裏」にすぎません。対偶の「悪くない→人に迷惑をかけない」なら認めますが……。

一方、「逆」については、これほど間違えやすくはないようです。「ウサギならば耳が長い」の逆は、「耳が長いならばウサギである」です。しかし、耳の長いものがすべてウサギだとは限らない、とだれでも見破るでしょうね。

なお、「逆も真なり」の関係が成り立つ場合は、AとBとが「同値」あるいは「必要十分」の関係といいます。「大人ならば20歳以上である」と、「20歳以上ならば大人である」は、どちらも成り立ちますね。

入社試験や公務員試験などでは、「対偶」を使って解く問題がよく出ます。こんな問題なんだと知っていただくために、1問だけ練習しておきましょう。試験はごめんだという方は飛ばしてくださって結構ですよ。

小学校で、国語・算数・理科・社会の4教科について調査したら、次のことがわかりました。

ア　算数が好きな児童は、国語が嫌いである

イ　理科が嫌いな児童は、国語が好きである

ウ　理科が好きな児童は、社会が嫌いである

では、これらから確実にいえるのは、どれですか？

1　国語が好きな児童は、社会が好きである

2　算数が好きな児童は、社会が好きである

3　国語が好きな児童は、理科が嫌いである

4　社会が好きな児童は、算数が嫌いである

対偶を使えば、簡単ですよ。

ア「算数が好き→国語が嫌い」の対偶は「国語が好き→算数が嫌い」

イ「理科が嫌い→国語が好き」の対偶は「国語が嫌い→理科が好き」

ウ「理科が好き→社会が嫌い」の対偶は「社会が好き→理科が嫌い」

1から4に対して、これらを適用してみます。4の場合だけ、ウの対偶から「社会が好き→理科が嫌い→国語が好き→算数が嫌い」と結論までつながりますよ。

正解は4です。

「すべて」と「ある」の論理

さて、論理には「すべての〜が…である」とか「ある〜が…である」という表現が使われることがあります。

例えば、「イワシは魚である」を厳密にいうと、「すべてのイワシは魚である」ですよね。一方、「あるイワシは魚である」といういい方は変ですが、真ではあります。

「すべて」と「ある」の論理を理解していないと、ときどき間違った結論を出してしまいますよ。

①すべてのイワシは、魚である
すべての魚は、卵から生まれる
ゆえに、すべてのイワシは、卵から生まれる
②ある青年は、ベートーベンのファンである
あるベートーベンのファンは、お産をしたことがある
ゆえに、ある青年は、お産をしたことがある

①の推論は正しいですが、②はどう見ても間違ってますよね。「すべて」だと正しいですが、「ある」だと

間違いになったりするのです。上記の２つの三段論法は、それ以外は同じ形をしています。

少し専門的なことをいうと、「すべて」と「ある」を扱う論理学を、「述語論理」といいます。一方、これまで述べてきた論理学は「命題論理」でした。述語論理は、「すべて」と「ある」を厳密に扱えるように、命題論理を拡張した体系です（拡張した文を「述語」と呼んだりします）。

日常的に「すべて」という言葉をいい加減に使う人たちがいます。

「みんな、いってるよ」

「だれだってそう思うに決まってるんだ」

「そんな人間はどこにもいないさ」

このようないい方をする人は、論理学から見ると「いい加減な〈すべて〉症候群」にでも分類されてしまうのでしょうかね。

●「すべて〜である」を否定するには？

論理の世界では、「すべて」なのか、「ある」なのかが大切な意味を持ちます。

まず次の例題からスタートしましょう。

「すべての人間は論理的である」という命題が偽なら、真である命題はどれでしょうか。

①すべての人間は論理的でない

②ある人間は論理的でない

③ある論理的なものは人間である

④ある人間は論理的である

答えは②です。

「すべての人間は論理的である」が偽なのですから、まず、この否定を考えなければなりません。

「すべての人間は論理的である、ということはない」

これをもう少し考えて、「反例」という考え方に到達すると正しいのです。つまり、「すべて」を否定するには、「反例が1つでも存在すればよい」という考え方です。

その考え方を「ある」を使って表現すると、

「ある人間は論理的でない」

と書き換えられます。つまり「少なくとも1人は論理的でない人間が存在する」という意味です。論理学ではこれが正解とされています。

「えっ、でも、『すべての人間は論理的でない』という否定もあるんじゃないの？」と思った人も多いのではないでしょうか。非常によくある間違いです。

考えてみましょう。「すべての人間は論理的である」が偽になるのはどんなときでしょうか？

「全員が論理的でない」の場合は――もちろん偽ですね。

しかし、「たった１人」、例えばあなたが論理的でなかったときはどうでしょう。そのときも「すべての人間は論理的である」が偽になっているでしょう。

つまり、論理的でない人が「たった１人」～「全員」のどの場合についても、元の文は否定されているのです。だから、「すべての人間は論理的でない」だけでは、否定文としてまったくの不足です。

一方、「ある人間は論理的でない」は、もちろん「たった１人」の場合を含んでいます。そして「全員が論理的でない」場合も、確かに「ある人間は論理的でない」のうちだと考えられるのです。「ある」が構成員全員までカバーしてしまっただけ、と考えればよいのですから。

このような考え方を理解できるといいんですけどね。もしおわかりにならないなら、次に述べる「ド・モルガンの法則」を使うために、論理の体系をきれいにしただけなんだとお考えいただいてもかまいません。

●「全称文」「存在文」のド・モルガンの法則

名称はどうでもいいですが、論理学では、「すべての〜は」という形の文を「全称文」、「ある〜は」という形の文を「存在文」といいます。

「全称文」と「存在文」についても、ド・モルガンの法則を適用できます。「かつ」と「または」を否定すると、両者を交換できたのと同じ考え方です。

否定文を作るときは、「すべて」と「ある」を入れ換えます。そして「〜である」と「〜でない」を互いに書き換えればよいだけです。

【ド・モルガンの法則】

$\overline{\text{すべてのAはBである}}$＝あるAはBでない

$\overline{\text{あるAはBである}}$＝すべてのAはBでない

本来はやさしい考え方だろうと思います。念のために例題をやっておきましょう。

次の文を否定してください。

①このエステに通う人は、すべてダイエットに成功する

②クレタ人はウソつきだ

③ある関西人は、借金を返さない

④すべての死刑囚は、罪を悔いているか、死を恐れている

無理に論理学的ないい回しにすることもないので、正解には日常的ないい回しも加えておきましょう。なお、最後の問題は、「かつ」と「または」のド・モルガンの法則を併用する例です。

（1－1）このエステに通うある人は、ダイエットに成功しない
（1－2）このエステに通っても、ダイエットに成功しない人がいる
（2－1）あるクレタ人はウソつきでない
（2－2）クレタ人にはウソつきでない人もいる
（3－1）すべての関西人は、借金を返す
（3－2）関西人は必ず借金を返す
（4－1）ある死刑囚は、罪を悔いず、かつ死を恐れない
（4－2）死刑囚の中には、罪も悔いなければ、死も恐れない者がいる

三段論法の達人になる

さて、「三段論法」という推論法があります。ちょっとキザに「シロジズム」と呼ぶ論理学者もいます。三段論法とは、例えば、

（第1段）犬ならば、ほ乳類である

（第2段）ほ乳類ならば、ヘソがある

（第3段）ゆえに、犬ならば、ヘソがある

という形式のように、2つの前提から、1つの結論を導く論理の形式のことをいいます。

三段論法は、ギリシャ以来の伝統的論理学で対象としてきた推論法です。とてもややこしくて、退屈なものだとされてきました。

例えば、私たちは上記の形でよいと思いますが、古来からの三段論法の場合には、

（大前提）ほ乳類ならば、ヘソがある

（小前提）犬ならば、ほ乳類である

（結論）ゆえに、犬ならば、ヘソがある

が正式な順序です。

これは正しい推論みたいですが、犬にヘソがあるのを見たことがない方（？）もおられるでしょうし、ま

あこんなものだとお思いください。

●19通りある三段論法

伝統的な論理学にしたがいますと、三段論法には「第1格」から「第4格」までの4つの格があります（下のようなものです）。昔はそれをすべて覚えました。

【昔から伝えられる三段論法の4格】

	第1格	第2格	第3格	第4格
（大前提）	M－P	P－M	M－P	P－M
（小前提）	S－M	S－M	M－S	M－S
（結論）	∴S－P	∴S－P	∴S－P	∴S－P

（P：大名辞、S：小名辞、M：媒名辞、「∴」は「ゆえに」です）

この4格は、大前提と小前提を「鏡に映したように左右を入れ換えて」という操作で作るのですが、詳しいことは省略します。

そして、この4つの格それぞれにおいて、「大前提」「小前提」「結論」は、

A：「すべての～は…である」

E：「すべての～は…でない」

I：「ある～は…である」

O：「ある～は…でない」

の4通りの形があると見ます。すると、

4格×4大前提×4小前提×4結論＝256通り

もの三段論法が出てくるんです！

これはたいへんな数ですが、実はそれらすべてが正しい推論というわけではありません（既出の「青年がお産をする」の例のようにです）。256通りをしらみつぶしに調べていきますと、**24通りの正しい三段論法**が出てくるというのが、古典論理学の達した結論です。ただし弱勢式（結論を「すべて」から「ある」に弱くした式）である5通りを普通は省略するので、**19通りの三段論法を用いる**という習慣になっています。

古典論理学を学ぶ人は、この19通りすべてを覚えなければならないという難行苦行に耐えなければなりませんでした。現代論理学では、もちろん覚える必要はありませんが、妥当な格式は以下のとおりです。

AAA、EAE、AIIおよびEIOを第1格に、

EAE、AEE、EIO、AOOを第2格に、

第3格にAAI、IAI、AII、EAO、OAO、EIOを持つ。

なお第4格はAAI、AEE、IAI、EAO、EIOを加える。

よほど覚えにくかったのか、中世にはラテン語で覚えるための歌まで作られました。

「Barbara, Celarent, Darii, Ferioqueprioris：……」

この歌では、人名の中のAEIOの並びが三段論法の格式をあらわしています。しゃれたアイデアです。日本で歴史年表をこじつけで覚えるようなものですね。

●三段論法にはベン図で対応しよう

公務員試験や会社の採用試験には、なぜか三段論法を使った問題が出されるようですね。ま、頭のトレーニングにはなりますから、パズルと割り切って勉強するとよいのではないでしょうか。

このような試験問題では、集合の「ベン図」を使って解答するのが常道です。この章の最後として、受験対策を必要とする方は練習してみてください。

> 次の論理は正しいでしょうか。
> （第１段）スズメならば空を飛ぶ
> （第２段）鳥ならば空を飛ぶ
> （第３段）スズメならば鳥である

ベン図を描いて考えます。図を描くときは「AならばB」のAを小さい丸で描き、Bを大きな丸にして、Aを囲んでしまうんでしたね。

「スズメならば鳥である」を結論するためには、「スズメ」の丸が「鳥」の丸の中に入っていなければならないはずですが、(第1段)と(第2段)の2つの命題からは、「スズメ」と「鳥」の関係を決定することができません。

「スズメ」が「鳥」の中に入るのか、その逆の関係なのか、あるいは「スズメ」と「鳥」がお互いに重なっているのかわからないわけです。よって、この論理は「正しくない」というのが正解です。

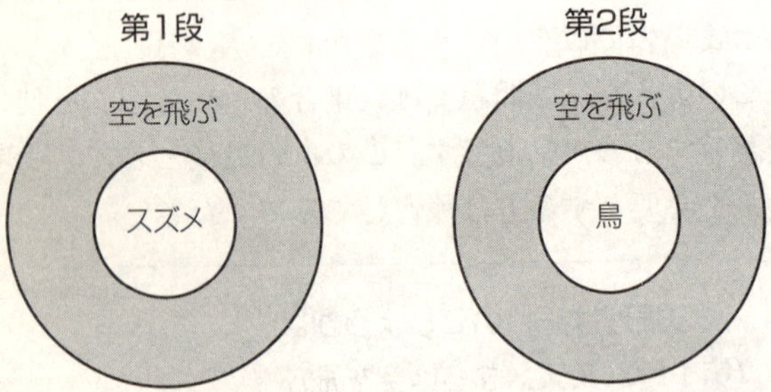

上の図からはスズメと鳥の関係がわからない

次の論理は正しいでしょうか。
(第1段) 希望を抱く者はだれしも絶望しない
(第2段) 希望を抱いていない若者はいない
(第3段) ゆえに、すべての若者は絶望すること

はない

第1段「希望を抱く者はだれしも絶望しない」は、「A→B」のパターンです。「だれしも」に惑わされないようにしてください。

第2段「希望を抱いていない若者はいない」の書き換えには、ド・モルガンの法則を使います。表現は少し違いますが、すべてのAはBである＝BでないAは存在しないと考えることができますよね。

つまり、「若者＝A」「希望を抱く者＝B」とすると、第2段は「すべての若者は希望を抱く者である」となります。これで、図を描けるようになりました。よって「正しい」が正解です。

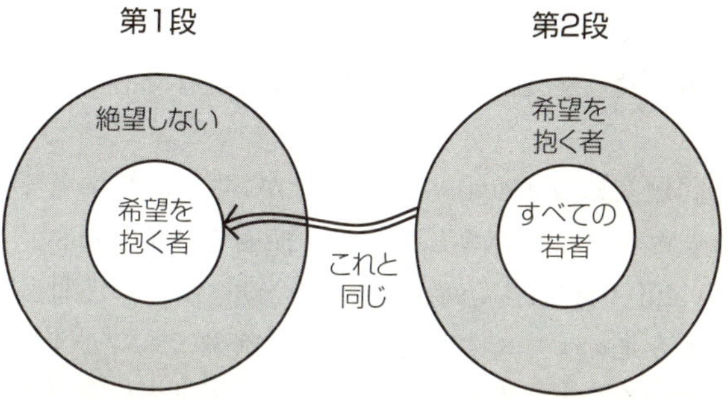

次の論理を２つの三段論法に分けてください。
犬は散歩好きである
散歩好きは哲学者である
ある小学生は散歩好きである
ゆえに、ある小学生は哲学者である

次の２つに分けることができます。

（第１段）犬は散歩好きである
（第２段）散歩好きは哲学者である
（第３段）ゆえに、犬は哲学者である

（第１段）散歩好きは哲学者である
（第２段）ある小学生は散歩好きである
（第３段）ゆえに、ある小学生は哲学者である

問題文には書かれていませんが、「犬は哲学者である」というバカバカしい結論が推論されました。
“valid（妥当）”“invalid（非妥当）”だけに注目して考えを進めていくと、途中で変な結論に気づかずに進んでいくことになります。しかも、実世界は３段で終わるわけではなく、４段、５段……という論理が複雑

にからみ合っています。つねに“true”と“false”を考えることを忘れないでください。

いかがでしたでしょうか。これで本書は本当に終わりです。従来のロジカルシンキングの本しか読んでいなくて、それを論理だと思っていた方は、本物の論理学を初めて知っていただけたのではないでしょうか。

この章で述べたのは、現代論理学の基本になる部分で、応用的な使い方は少ししか含んでいませんでした。この強力な武器を使えば、コンピュータを設計することも、議論で相手をケムに巻くこともできます。上級になられた方は、この番外コースで述べたこともよく研究されて、ますますロジカルシンキングの能力を上達させていただきたいと存じます。

ちょっとひと息

✼理屈？　屁理屈？

ばくちで負けた女が、負けた金が払えないため、相手を自宅に連れ帰り、商売物の五色揚を肴に酒を出して、負けた払いにしている。それを知った巡査が、それは許された営業許可とは違うから違反行為となる、と詰め寄る。女がそれをさえぎって、いったせりふが、「友達を集めて飲み食いをして、お互いに銭を出しあってそれで営業違反になるんなら、分署の旦那方が会費を出しあって宿直で飲み食いするんだって営業違反って勘定だろう、うちは五色揚をしているから違反で、ほかのうちはほかの営業をしているから違反じゃないなんて、そんな理屈がとおるかい」。（山本周五郎『青べか物語』）

《規制ってお役所がする？　こっちもお役所を規制してやろうかい》

✼公孫竜の言葉

酒白馬は馬ではない。

《そういえば、白井さんは井戸じゃない》

✼小ばなしより

食い入るように世界地図を眺めている男がいた。

「誰も見つけたことのない島を発見するんだ！」

《この記事見てごらん。ここ、誰も知らない穴場なんだって》

本書は、2003年6月に小社より出版された同名の書籍を、一部改訂したものです。

逢沢 明（あいざわ・あきら）
1949年大阪生まれ。京都大学大学院博士課程修了。現在、京都大学准教授（情報学研究科）。工学博士。ニューヨーク科学アカデミー会員。「電脳論理の伝道師」の異名を持つ。
情報数理、進化型知能、複雑系情報学の気鋭の研究者であり、かつ文明批評の論客としても知られる。コンピュータのパターン認識性能を一挙に100倍に高める「進化コンピュータ」を実現しつつあるなど、創造的思考法の実践はきわめて高度である。
官庁からは科学技術政策委員の依頼が多く、ロジカルシンキングの達人として信頼される。またかつてハヤカワSFコンテストで最終候補作に選ばれるなど、芸術を論理で解明する趣味や、パズル・クイズを10万問集めたといわれるパズル博士ぶりが大学の講義でも人気。
著書に『ゲーム理論トレーニング』（かんき出版）、『結果が出る発想法』『頭がよくなる論理パズル』『大人のクイズ』（以上PHP研究所）など多数。

●サンマーク文庫●
京大式ロジカルシンキング

2008年5月15日　初版発行
2008年7月10日　第3刷発行

著　者　逢沢　明
発行人　植木宣隆
発行所　株式会社サンマーク出版
東京都新宿区高田馬場2-16-11
電話　03-5272-3166

印刷・製本　株式会社暁印刷

ISBN978-4-7631-8461-0 C0130
ホームページ　http://www.sunmark.co.jp
携帯サイト　http://www.sunmark.co.jp